进阶式对外汉语系列教材
A SERIES OF PROGRESSIVE CHINESE TEXTBOOKS FOR FOREIGNERS

成功之路
ROAD TO SUCCESS

冲刺篇
LOWER ADVANCED

主　　编　邱　军
副 主 编　彭志平
执行主编　赵冬梅
编　　著　于　昆

ROAD TO SUCCESS
A SERIES OF PROGRESSIVE CHINESE TEXTBOOKS FOR FOREIGNERS

北京语言大学出版社
BEIJING LANGUAGE AND CULTURE UNIVERSITY PRESS

图书在版编目（CIP）数据

成功之路. 冲刺篇. 第1册/邱军主编；于昆编著.
–北京：北京语言大学出版社，2008.8（2022.2重印）
ISBN 978-7-5619-2170-8
Ⅰ. 成… Ⅱ. ①邱… ②于… Ⅲ. 汉语–对外汉语教学–教材
Ⅳ. H195.4
中国版本图书馆CIP数据核字（2008）第123600号

书　　名：成功之路·冲刺篇（第一册）
版式设计：冯志才
责任印制：邝　天

出版发行：北京语言大学出版社
社　　址：北京市海淀区学院路15号　邮政编码：100083
网　　址：www.blcup.com
电　　话：发行部 010–82303650/3591/3651
编辑部 010–82303647/3592
读者服务部 010–82303653
网上订购电话 010–82303908
客户服务信箱 service@blcup.com
印　　刷：北京印迪数码科技有限公司
经　　销：全国新华书店

版　　次：2008年8月第1版　2022年2月第8次印刷
开　　本：889毫米×1194毫米　1/16　印张：课本14.5 / 练习答案0.75
字　　数：298千字
书　　号：ISBN 978-7-5619-2170-8/H·08159
定　　价：68.00元

前 言

《成功之路》是一套为母语非汉语的学习者编写的对外汉语教材。这套教材既适用于正规汉语教学机构的课堂教学，也可以满足各类教学形式和自学者的需求。

《成功之路》为教学提供全面丰富的教学内容，搭建严谨规范的教学平台。学习者可获得系统的汉语言知识、技能、文化的学习和训练。同时，《成功之路》的组合式设计，也为各类教学机构和自学者提供充分的选择空间，最大程度地满足教学与学习的多样化需求。

◆ 架构

《成功之路》全套22册。按进阶式水平序列分别设计为《入门篇》、《起步篇》、《顺利篇》、《进步篇》、《提高篇》、《跨越篇》、《冲刺篇》、《成功篇》。其中《入门篇》为1册；《进步篇》综合课本为3册，《进步篇·听和说》、《进步篇·读和写》各2册；《提高篇》、《跨越篇》综合课本各2册，《提高篇·听和说》、《跨越篇·听和说》各1册；其余各篇均为2册。篇名不但是教学层级的标志，而且蕴涵着目标与期望。各篇设计有对应层级和对应水平（已学习词汇量），方便学习者选择适合自己的台阶起步。

进阶式对外汉语系列教材《成功之路》阶式图

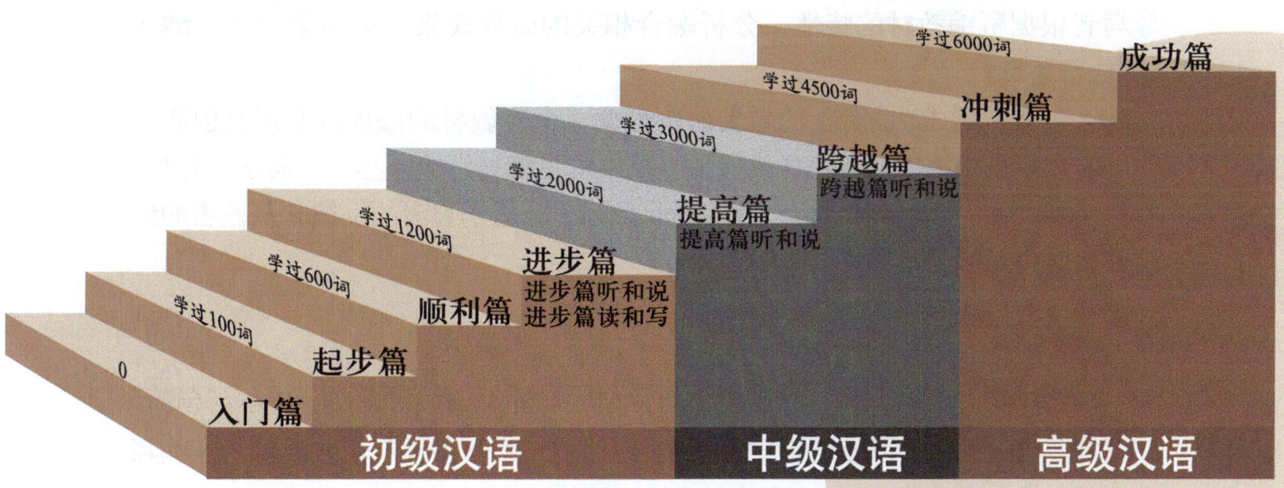

学习者选择教材参照表：

学习起点参照等级			适用教材
已学习词汇量	新汉语水平考试等级（新 HSK）	新欧盟语言框架等级（CEF）	
0			《入门篇》
100 词左右	新 HSK 一级		《起步篇》
600 词左右	新 HSK 二级、三级		《顺利篇》
1200 词左右	新 HSK 四级	A1	《进步篇》
2000 词左右	新 HSK 四级、五级	A2	《提高篇》
3000 词左右	新 HSK 五级、六级	B1	《跨越篇》
4500 词左右	新 HSK 六级	B2	《冲刺篇》
6000 词左右		C1	《成功篇》

◆ 依据

《成功之路》以“国家汉办”的《高等学校外国留学生汉语教学大纲（长期进修）》（简称《大纲》）为基本研制依据，采用自行研制的编教软件，对《大纲》的语言点（项）、词汇、汉字等指标进行穷尽式覆盖，以保证教材的科学性、系统性、严谨性。编写者还根据各层级学习和教学的需求，对《大纲》的部分指标进行必要的调整，其中高级汉语部分增删幅度较大。另外，对各类汉语学习者随机调研的结果以及相关精品教材的研究成果也是《成功之路》的重要研制依据。

◆ 理念

《成功之路》以“融合、集成、创新”为基本研制理念。作为一套综合性教材，其内涵的多样性决定理念的集成性，不囿于某一种教学法。因此，编写者根据所编教材的特性，分析融合相关的研究成果，集多家之成，纳各“法”之长。

创新是《成功之路》的重要研制理念，全套教材的每篇每册都有创新之处。创新点根据需要或隐含或显现，从中可见编写者的匠心。“易学、好教”是《成功之路》的研制目标，为实现此目标，尊重学习者的反馈和从教者的经验自然也是编写者的重要研制理念。

◆ 特点

《成功之路》作为一套诞生于新世纪的对外汉语教材，在“传承与创新”“关联与独立”“知识与技能”“语言与文化”“二维与多维”诸方面融入了编写者更多的思考和实践。限于篇幅，略加说明。

1. 传承与创新

《成功之路》从对外汉语教学的沃土中汲取丰富的营养，植根于它的发展，受益于它的进步。编写者将成功的教学经验、教学模式和研究成果带入教材，使《成功之路》更符合学习者的语言认知规律，更有助于学习者掌握和应用。如：《入门篇》、《起步篇》、《顺利篇》都以"讲练"的形式呈现，便是采纳对外汉语教学早期的"讲练模式"。这种更适宜初学者的编写设计，已经为多年的教学成效所证明。

《成功之路》在传承的基础上力求创新，篇篇都有创新点。如：《起步篇》和《顺利篇》改变以往语言点的描述角度，变立足于教师的规则性语言为面向学习者的使用性语言，便于学习者理解和运用。《提高篇》和《跨越篇》设计了语素练习项目，强化语素的辐射生成作用，增强学习者的词汇联想能力，减少记忆负担，提高学习效率；还在多项练习中设置语境，为学习者提供丰富的语用场，提高其准确地遣词用句的能力，为日后学以致用增加助力。《冲刺篇》和《成功篇》针对高级阶段词语辨析的难点，设置"异同归纳"的板块，将规则说明和练习紧密结合，实现从理解到使用的有效过渡。

另外，《入门篇》的总分式语音训练，《进步篇·听和说》、《进步篇·读和写》的融合性技能训练，《提高篇》、《跨越篇》的听说式"课文导入"，《冲刺篇》、《成功篇》的分合式"背景阅读"等等，都彰显着编写者的创新性理念和实践性思维。

2. 关联与独立

《成功之路》进阶式系列教材，全套共分 8 篇，涵盖初级汉语、中级汉语和高级汉语。各篇之间的关系如同阶梯，具有依存性和关联性，便于配套使用。如：设计者将"语词→语句→语段→语篇"的教学任务，明确分布于不同层级，强调各自的练习方式，为学习者提供一个循序且完整的训练过程。

同时，《成功之路》各篇也相对独立，可以单独使用。如：《进步篇·听和说》、《进步篇·读和写》从内容到形式，都适合做专项技能训练的独立教材。这种关联与独立相结合的设计，使《成功之路》既能保持配套教材的系统性，又有独立教材的灵活性，免除捆绑式教材的羁绊，为学习者提供更多的选择。

3. 知识与技能

《成功之路》定位于综合性语言技能训练教材。全套教材以训练语言能力为显性设计，以传授语言知识为隐性设计。编写者将语言知识的学习隐含于语言技能训练的全过程。如：《起步篇》、《顺利篇》、《进步篇》尽量淡化语言点的知识性描述，代之以直观的插图、表格、练习等，以此引导教师最大限度地避免单纯的知识讲授。上述"三篇"在设计中兼顾话题单元和语言点顺序，巧妙地处理话题与语言点交集的难题，较好地解决了长期困扰初级教材编写的“带着镣铐跳舞”的问题。《提高篇》和《跨越篇》将语言知识蕴涵在课文和练习中，使学习者能通过有计划的练习和活动实现对知识的理解和运用。

《成功之路》遵循并实践第二语言教学的基本原理，精心设计并处理语言知识和语言技能的关系，帮助学习者在技能训练中学习知识，进而以知识学习提高技能水平，最终达到全面提高汉语交际能力的目的。

4. 语言与文化

《成功之路》既是语言资源，又是文化媒介。在选文和编写过程中，编写者追求文化含量的最大化。全套教材自始至终贯穿一条“文化现象→文化内涵→文化理解”的完整“文化链”。如：《入门篇》、《起步篇》、《顺利篇》、《进步篇》使用初级汉语有限的语言材料，尽可能多地展现文化点，使学习者在学习语言的同时，自然地感受和了解中国文化。《提高篇》和《跨越篇》在对课文材料选取和删改时，特别注意其中的文化含量，为学习者提供丰富多彩的文化内容。《冲刺篇》和《成功篇》选文讲究，力求文质兼美、具有典范性。其中文化理解的可挖掘性为高端学习者构建了探究中国文化深层内涵的平台。

与单纯讲授文化的教材不同，《成功之路》将文化内容寓于语言学习之中。语言提升与文化理解，二者相得益彰。

5. 二维与多维

《成功之路》利用现代科技手段，建造二维平面与多维立体相契合的“教学场”。多媒体课件的研制和使用，弥补了传统平面教材的局限。除了直观、形象、生动的特点外，还可以增强教师对教材的调整和控制能力。如：生词的闪现、语句的重构、背景的再现等，使讲授过程更加得心应手。《成功之路》的多媒体课件可以让教材内容延伸至课堂外，扩大教学空间，形成教师得以充分施展的广阔的“教学场”。

同时，《成功之路》多媒体课件中完整的教学设计和教学思路也是可资借鉴的教案。

◆ 结语

语言教学，可以枯燥得令人生厌，也可以精彩得引人入胜。究其缘由，教师和教材是主因。

期望《成功之路》能为学习者带来一份精彩。

主编：邱军

2008 年 6 月

目　录

致学习者

亲爱的朋友，《成功之路·冲刺篇》和《成功之路·成功篇》为进阶式对外汉语系列教材中的高级汉语部分，是为有志于学习高级汉语的你编写的综合性教材。

其体裁包括小说、散文、游记、随笔、报告文学、通讯报道、政论文、演讲辞、访谈、学术性文章等，话题涉及现当代中国文学、中国文化、人民生活的多个侧面。

作为高级阶段的综合课教材，每课都强调听、说、读、写四项技能的全面训练。本教材的与众不同之处在于：

每个主题我们都首先从背景阅读入手，在3~7段短文、语段中，除要求阅读速度外，还编写了相应的泛读和限时阅读练习题。这部分不仅可以帮助你了解课文的背景，同时也有助于你熟悉高等HSK阅读部分的试题形式及掌握答题技巧。

每个主题都配有一定数量的视听观摩素材，便于你利用课堂以外的时间，从视听的角度对该主题有一个全方位、深入的了解。视听观摩素材目录见每课最后的“媒体资源”。

每篇精读课文前我们设计了“课文导读”，并在精读课文后紧跟有“思考与回答”，这两部分前后呼应。如果你能按要求很好地完成这些练习，会让你在口头表达上有很大的提高和收获。

每篇精读课文中变色的词语为本课的生词，方便你随时对应查找；生词表中变色的词语为《高等学校外国留学生汉语教学大纲·长期进修》中的高等级词，也是你必须掌握的生词。

每篇精读课文后设有重点词语4~5个，词语辨析4对、语法1项、修辞1~2项、篇章结构1项，并在每项的讲解之后紧跟有相关的练习题。这样设计和编排的好处是讲与练紧密结合，便于你更牢固地掌握本课的学习内容。这部分的内容不仅注重以往教材的词语、语法的讲解与练习，还从修辞的角度强化了语篇的讲解与练习。

每课都有“表达与写作”的训练，在同一主题进行了背景阅读、视听观摩、精读课文的讲解和大量强化训练后，你要对这一课所学的词汇、语法、修辞手段、表达方式进行全面地分析和梳理，在课堂口头报告的基础上，整理成书面文章，使高级阶段的你能得体、恰当地掌握口语体和书面语体的表达。

《成功之路·冲刺篇》和《成功之路·成功篇》每课的最后都提供了“扩展空间”，包括“名家典藏”“媒体资源”和“词语追踪”三个小板块，我们希望这些内容能帮助你进一步拓展同一话题的视野。

我们相信，通过学习本套教材，不仅可以提高你对汉语词汇、语法、修辞的运用能力，提高你的汉语水平，还可以让你眼界大开，领略中国文化的博大精深。

执行主编

2008 年 6 月

1 京城风貌

背景阅读与练习

一　限时阅读，按要求回答问题

限时：6 分钟

我先后在北京生活了 20 余年，也在南方城市武汉生活过 10 余年，由于工作的原因，我也几乎跑遍了中国所有的省会城市和一些经济较发达的中小城市，不过，最喜欢的还是北京。北京是创业基地，是文化中心，是所有中国人的首都。

北京是年轻人的北京。在京的年轻人非常多，既有大学毕业留京的，也有从外地怀着梦想进京的。如此众多优秀而富有创业意识的年轻人，补充着北京的血液，也不断调整着北京的人才结构。北京以其巨大的市场、无穷的机会迎接着人才，用失败考验他们，用成功安慰他们。北京是年轻冒险家和创业者的乐园，同时也是老年人安度晚年、享受闲适生活的乐土。清晨，结伴的老年人晨练遛鸟；傍晚，成群的老年人一起翩翩起舞、自得其乐，洋溢着大都市的自信和满足。

北京不仅宽厚地包容着所有的人，更以博大的胸怀容纳了不同的文化，从先锋到现代到传统，你可以在这里了解到各种文化姿态。你可以欣赏超酷的先锋表演，也可以很容易发现北京的现代艺术正在与国际接轨，最经典的国粹京剧仍宝刀不老。最走红的乐队，最先锋的艺术，第一流的话剧、歌剧、音乐会、画展……你任意想到一个主题，北京都可以满足你。在这里人们看重的是生活本身，追求快乐是无以复加的，人们对生活有自己的认识，并执著地追求着。北京的唐宋诗词朗诵会门票年年难买，加多少场也不够；北京音乐厅和中山公园音乐堂同时举办的暑期系列音乐会场场爆满，连最后一排都站满了人。

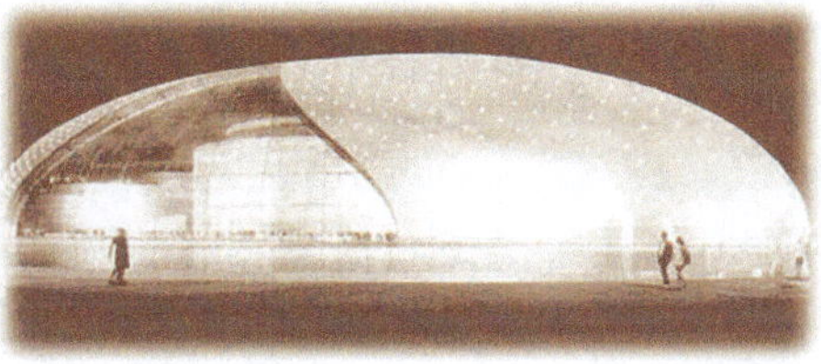

北京的文化活动是丰富的，也是广受欢迎的。国家放长假，北京的图书馆、天文馆、科技馆等诸多场馆，总是挤满了家长和孩子们。北京人也喜欢到处玩儿，特别喜欢自驾游，也正因为如此，北京私人拥有汽车的比例在全国最高。这里的人们玩儿得超前，数万人选择出境旅游过年，从传统的新、马、泰线路到新开的澳大利亚和新西兰游，均告满员。而周末到郊区春游植树更成为时尚：老人植树代表长寿；恋人植树象征爱情，希望爱情之树常青；孩子植树作为生日纪念，让孩子知道劳动果实得来不易。春天还是放风筝的好季节，人们将卡通人物和传说中的形象做成形形色色的风筝，更有风筝爱好者甚至自制了长达15米的龙形风筝在山顶放飞。

除此之外，年味儿浓也是北京吸引我的原因。大年夜，吃团圆饭、逛庙会、贴春联是老北京过年的习俗。北京大街小巷张贴的春联，将节日气氛营造得浓重热烈，一幅幅笔力遒劲（qiújìng　雄健有力）的春联吸引了许多行人驻足观看，成为节日京城一景。

判断正误 （正确的画“√”， 错误的画 “×”）

1. 由于工作的原因作者在北京生活了20余年，最喜欢的就是北京。（　　）
2. 在京的年轻人都是大学毕业时留京的，优秀而富有创业意识。（　　）
3. 清晨或傍晚，老年人聚在一起，散步、锻炼、跳舞，寻找乐趣。（　　）
4. 北京的现代艺术正在与国际艺术总趋势紧密连接起来。（　　）
5. 北京最长的风筝是一个风筝爱好者自己制作的长15米的龙形风筝。（　　）
6. 北京年味浓体现在过年的时候大街小巷、家家户户都贴春联。（　　）

选择正确答案

1. 作者喜欢北京的原因不包括：（　　）

   A. 北京是文化中心　　B. 北京是创业基地

   C. 北京是消费城市　　D. 北京是所有中国人的首都

2. 文中“宝刀不老”是指京剧艺术：（　　）

   A. 刚刚在北京兴起，是年轻的艺术　　B. 其中的武打部分依然很有力量

   C. 依然是中华民族艺术之宝　　D. 年代久远，但是艺术技巧并没有减退

3. 北京每年举行的唐宋诗词朗诵会：（　　）

A. 票都很难买到　　B. 每场都坐满了人

C. 人们怎么听也听不够　　D. 连最后一排都站满了人

4. 北京人喜欢自驾游，因此：（　　）

A. 北京人拥有私家车的比例全国最高

B. 过年的时候流行出国旅游

C. 电视台会公开组织自驾游旅行团

D. 周末他们都会到郊区植树

5. 关于春游植树，文中**没有**提到：（　　）

A. 老人植树代表长寿　　B. 孩子植树纪念生日

C. 父母植树表达希望　　D. 恋人植树象征爱情

6. 文中提到的老北京年俗包括：（　　）

A. 贴春联　吃饺子　逛庙会　　B. 贴福字　吃团圆饭　拜年

C. 贴春联　吃团圆饭　逛庙会　　D. 贴福字　放鞭炮　看花灯

简单概括作者喜欢北京的原因。（不超过 25 个字）

二　阅读后按逻辑关系排列顺序

A. 那时的中国，还处在一个从乡土社会向都市社会转变的过程，人们普遍对过于紧张的生活节奏、过于强大的精神压力，以及相对狭小的居住空间很不适应。

B. 中国的传统文人，喜欢居住在城市，怀想着乡村，既有丰富的物质及文化生活，又有山水田园的恬静与悠闲。这种“文人趣味”，在二三十年代的作家中还很普遍。

C. 尤其是文人，更是对过分的都市化始终怀有几分恐惧，乃至不无抗拒心理。

D. 北京这座千年古都，无论你走到哪里，都是只见树木、只闻虫鸣，跟生活在乡野没有大的区别。

重新排序＿＿＿＿＿＿＿＿＿＿＿＿＿＿＿＿

三 阅读后按要求回答问题

休闲之美

在忙碌紧张的现代生活中，增长了一种与之对应的追求——休闲。人们上班穿累了紧绷绷的西装，下班就赶快换上宽松的衣裤。忙完了家务，剩下的就是休闲。休闲的方式可以很多，但最基本的一点是要寻一个休闲的“地方”，一个休闲的“空间”。

在北京王府井大街西边不远，是新建的开放式“皇城根遗址公园”。公园以绿地为主，顺原皇城东墙的走向，南北延伸得相当远，绿地中有小径，小径边有各样花草，每隔一段又设一处小景致。公园中游人很多，男女老少都有。人们轻松漫步，享受休闲。皇城公园与商业繁华区在对照中显出各自的价值，市声与宁静都是城市所需要的。过去，在北京城的胡同时代有过寻常百姓的休闲生活，胡同交叉口的空地就是休闲的地方，因场地不大，散不开步，多是坐着下棋、聊天儿、扇扇子。可惜，现在胡同式的静态闲适已不再是京城生活的主流。北京城的东南西北中，到处都在轰轰烈烈地建设，急急忙忙地赚钱。有人说，北京之大，已放不下一张平静的棋盘。

休闲空间不应奢侈（shēchǐ 花费钱财过多，享受过分），景观要平易近人。人们进入休闲空间，最适宜的心态是平常心，如果还有不平常的心潮涌动，则休不出闲来。高尔夫球场表面看起来十分闲雅，但在中国多带有炫耀的意味，是以功名、金钱为依托的休闲形式。物质贵族们踏入高尔夫草坪，骄人之情充满胸怀，他们的心怎么能闲下来？古诗里常有闲池、闲野、闲庭、闲居、闲卧之咏，这众多的“闲”都源于诗人的闲情。这种美不仅保存在诗句里，还保存在文化景观中：“草堂”、“断桥”、“山庄”、“平湖”，这些名称都在提示着景观闲美的主题。在这样的环境中，迈开步子，心情会格外闲适。

休闲空间的美感不仅来自花草宜人、树木亲近，也来自四周的人文氛围。在休闲场所，人们愉快地相对，环境召唤出他们平和的心态。休闲者的脸上都带着真正的微笑。虽然是陌生人，但彼此提供情调，以最好的心态彼此相视。这里汇合着长幼之爱、男女之情、朋友之谊。在休闲空间里，除了青草、花卉以外，还弥漫着轻松温馨的人情。一位寻找闲情的文人早年游北海公园，他没有去留意九龙壁上的云翻龙腾，而认为只要远远地眺望着杂树丛生的堤岸，静看水中划桨的船客和游廊上品茶的雅士，那趣味要比自己置身其中更佳。虽然没有亲自去划船或品茶，但是在“远眺”和“静看”中，船客与雅士都成了与世无争的闲景，这本身就是一种难以言说的美。

休闲绝不是生命的休息，而是紧张身心的调整、生命元气的恢复。古人有身世沉浮、官场升迁，今人更有商战、股市、晋级、职称、高考、大赛、黑客。我们太需要休息放松一下。休闲，正是最富有美感的放松。

作者心目中最适宜的休闲空间具有哪些特点？（不超过50个字）

作者所说的“休闲之美”指的是什么？（不超过50个字）

课　文

课文导读

这是一篇回忆性的抒情散文，饱含了作者的思念和留恋之情。作者似将北平收在眼底，装在心里。在景色描写中穿插着北京的风土人情，胡同中的冬日、城外的春景、藤榻上的夏夜、京郊一带的秋色，充分体现出北平——这座古城的四季风韵和人文情调，而这印象中的北平，也由于带上了个人感情色彩，使得那些平常景象变得分外迷人。

思考题

1. 你是否阅读过中国作家描写旧日北京风土人情的文章？
2. 你是否留意过各个季节北京市民的生活方式、心理状态？
3. 你是否关注过今日北京风土人情的变化？

北平①的四季

郁达夫

城门

中国的大都会②，我前半生住过的地方，不在少数；可是当一个人静下来回想起从前，上海的热闹，南京的辽阔，广州的乌烟瘴气，汉口武昌的杂乱无章，甚至于青岛的清幽，福州的秀丽，以及杭州的沉着，总归都比不上北平的典丽堂皇，悠闲清妙。

北平自入旧历③的十月之后，就是灰沙满地，寒风刺骨的季节了，所以北平的冬天，是一般人最怕过的日子。但是要想认识一个地方的特异之处，我以为最好是当这特异之处表现得最充分的时候去领略。北平的冬天，虽然比南方要冷得多，但是北方生活的伟大悠闲，也只有在冬季，使人感受得最彻底。

---

① 北平：北京旧称。
② 都会：都市。
③ 旧历：指农历。

先说房屋的防寒设施吧，北方的房屋，同南方的摩登①都市并不一样。南方的房屋，用的是钢筋水泥，冷热气管。一般的北方人家，总是矮矮的一所四合院②，四面是很厚的泥墙；花厅内有一张暖炕，一所回廊；廊子上是一排窗户，窗户里糊着薄纸，薄纸内再挂上门帘，另外就没有什么了。虽然房屋看起来简陋，但是你只要把炉子一生，电灯一点，棉门帘一挂上，就总是暖烘烘的，像是春天三四月里的样子。尤其会使你深深恋上这屋内温暖的，是窗外呜呜呼啸的西北风。天色老是灰沉沉的，路面上也老是灰土风尘，而一踏进屋里，就觉得一团春气，包围在你的四周，使你马上就忘记了屋外一切寒冬之苦。若是喜欢喝喝酒，烧烧羊肉火锅，那冬天的北方生活，就更加难以割舍了；酒已经是御寒的妙药了，羊肉火锅更使整个屋子都涨满了白蒙蒙的水蒸气。玻璃窗内，前半夜，会流下一条条的清汗，后半夜就变成了花色奇异的冰纹。

四合院

到了下雪的时候，景象当然又会一变。早晨在厚棉被里睁开眼来，一室的清光，会使你眼前一阵眩晕③。在阳光照耀之下，雪也一粒一粒放起光来了，蛰伏④了很久的小鸟，这时候会飞出来觅食，谈天说地，吱吱地叫个不停。数日来的灰暗天空，愁云一扫，忽然变得澄清见底；于是年轻人就纷纷走出家门，溜冰、堆雪人、坐冰车雪车，尽情嬉戏。

我曾于这样一种大雪初晴的傍晚，和几位朋友，跨上驴背，出西直门上骆驼庄去过了一夜。北平郊外的一大片雪地，无数枯树林，以及西山隐隐现现的不少白峰头，和时时吹来的几阵夹着雪片的西北风，留给人的印象，实在是深刻、伟大、神秘到不可用言语来形容。直到十余年后的现在，我一想起当时的情景，还会打一个寒颤而吐一口清气。

---

① 摩登（módēng）：［英 modern］旧时指合乎刚流行的式样；时髦。
② 四合院：一种旧式房子，四面是屋子，中间是院子。
③ 眩晕（xuànyùn）：感觉到本身或周围的东西旋转。
④ 蛰伏（zhéfú）：动物冬眠，潜伏起来不食不动。

春与秋，本来在什么地方都属可爱的时节，但在北平，却与别的地方又有点儿不同。北国①的春，来得较迟，所以时间也比较短。西北风停后，积雪渐渐融化，赶牲口②的车夫身上，看不见那件光板③老羊皮大袄的时候，你就该准备春游的行装了。因为北平的春来也无信，去也无踪，眼睛一眨，春光就会像飞马似的溜过。屋内的炉子，刚拆去不久，说不定你就马上得去叫盖凉棚的才行。

而北方春天最值得记忆的痕迹，是城墙内外的那一层新绿④，如洪水似的新绿。北平城，本来就是一个只见树木不见屋顶的绿色都会，一踏出城门，四面的黄土坡上，更是杂树丛生的森林了；在日光里颤抖着的嫩绿的波浪，油光光，亮晶晶，若是神经系统不十分健全的人，骤然间置身于这样一个淡绿色的海洋里，包管你要睁不开眼，立不住脚，而昏厥⑤过去。

从纬度上来讲，北方的夏天，当然要比南方的夏天凉爽。一天到晚，最热的时候，只有中午到午后三四点钟的几个钟头，晚上太阳一下山，没有一处不是阴凉得要穿单衫才行的；半夜以后，更是非盖薄棉被不可了。而北平便宜耐久的天然冰，又是夏天住过北平的人所忘不了的一件恩惠。

在三伏当中，不管是白天还是晚上，你只需有一张藤榻⑥，搬到院子里的葡萄架下或藤花阴处去乘凉，吃吃冰茶雪藕，听听盲人的鼓词与树上的蝉鸣，都一点儿也感觉不到炎热。而夏天最热的时候，在北平顶多不过九十四五度⑦，这种大热的天气，整个夏天顶多顶多又不过十日的样子。

在北平，春夏秋的三季，是连成一片的；一年之中，仿佛只有一段寒冷的时期，和一段比较温暖的时期相对立。由春到夏，是短短的一瞬间，自夏到秋，也只觉得是过了一次午睡，就有点儿凉了。北平近郊的秋色，实在也正像是一本百读不厌的奇书，使你愈翻愈感兴趣。

秋高气爽，风和日丽的早晨，如果你骑着一匹驴子，上西山八大处或玉泉山碧云寺去走走；山上的红柿，远处的烟树人家，郊野里的芦苇，以及驴背上驮⑧着生果进城

---

① 北国：〈书面语〉指中国的北部。

② 牲口（shēngkou）：用来帮助人做活的家畜，如牛、马、骡、驴等。

③ 光板（～儿）：磨掉了毛的皮衣服或皮褥子。

④ 新绿：初春植物现出的嫩绿。

⑤ 昏厥（hūnjué）：因脑部贫血引起供氧不足而短时间失去知觉。也叫晕厥。

⑥ 藤榻（téngtà）：用缠绕的植物茎编成的狭长而较矮的床。

⑦ 这里“度”指华氏温度。

⑧ 驮（tuó）：用背部承受物体的重量。

来卖的农户佃家①，包管你看一个月也不会看厌。春秋两季，本来是到处都好的，但是北方的秋空，看起来似乎更高一点儿，北方的空气，吸起来似乎更干燥一点儿。而那一种草木摇落，秋风肃杀之感，在北方似乎也更觉得要严肃、凄凉、沉静得多。那一种哀感，在南方是不大感觉得到的。所以我说，北平的秋，才是真正的秋；南方的秋天，不过是小春②天气而已。

西山八大处

统观北平的四季，每季每节，都有它特别的好处；冬天是室内饮食休养的时期，秋天是郊外走马调鹰的日子，春天好看新绿，夏天享受清凉。至于各节各季，移换中的一段时间，又别有一种情趣，是一种两不相连，而又两相结合的中间风味，如雍和宫的打鬼，净业庵的放灯，丰台的看芍药，万牲园的寻梅花之类。

五六百年来文化荟萃的北平，一年四季无一月不好的北平，我在遥忆，我也在深祝，祝她平安进展，永久地成为我们黄帝子孙所保有的旧都城。

（有删改）

思考与回答

1. 简单说明作家对曾经游历过的中国城市的评价与概括。

   辽阔　　乌烟瘴气　　沉着　　总归

2. 概括说明作者笔下的北平的四季有哪些特点？ 作者都是怎样度过的？

   暖烘烘　　呼啸　　奇异　　骤然　　炎热　　秋高气爽

3. 举例说明作者从季节的角度切入， 描写的北平这座古都具有什么特色？

   悠闲

---

① 佃（diàn）家：旧时租种某地主土地的农民称为某地主的佃户，这里“佃家”指的就是“佃户”。

② 小春：〈方言〉指农历十月，因某些地区十月天气温暖如春，也作小阳春。

4. 提到北平的春、夏、秋、冬四季，作家为什么说：

① 北方生活的伟大悠闲，也只有在冬季，使人感受得最彻底。

② 春与秋，本来在什么地方都属可爱的时节，但在北平，却与别的地方又有点儿不同。

③ 北方的夏天……一点儿也感觉不到炎热。

④ 那一种哀感，在南方是不大感觉得到的，……北平的秋，才是真正的秋。

具体分析、说明作者当时的心境。

凄凉　　沉静

5. 文章结尾写道：

“……我也在深祝，祝她平安进展，永久地成为我们黄帝子孙所保有的旧都城。”

作家所希望“保有”的是什么？

郁达夫（1896－1945），原名郁文，浙江人，现代作家。他是现代浪漫主义抒情散文的重要开拓者，其散文直抒胸臆，毫无掩饰地表现了一个富有才情的知识分子在动乱社会里的苦闷心情，清新秀丽，真率热情，富有气势和神韵。读他的散文，就像听一个见多识广、感受力强、修养良好的文化人拉家常，让人感到热情亲切，颇受启发，还能品味精彩的语言文字。

郁达夫早年在北平生活，后移居杭州，1934年暂返北京时，写下赞美诗般的《故都的秋》。时过两年，又写作了本文，后收入《北平一顾》（1936年12月，宇宙风出版社）。

背景链接

词语

1.	辽阔	liáokuò	(形)	一般形容面积非常广大、宽阔。
2.	清幽	qīngyōu	(形)	风景清秀而幽静。
3.	秀丽	xiùlì	(形)	清新、高雅、美丽。
4.	以及	yǐjí	(连)	连接并列的词或词组。
5.	沉着	chénzhuó	(形)	遇事情绪稳定或平静；不慌不忙。
6.	总归	zǒngguī	(副)	表示无论怎样一定如此；终究。
7.	堂皇	tánghuáng	(形)	形容气势盛大。
8.	悠闲	yōuxián	(形)	自己感觉安闲舒适。
9.	领略	lǐnglüè	(动)	了解事物的情况，进而认识其意义或辨别其滋味。
10.	简陋	jiǎnlòu	(形)	(房屋、设备等) 简单粗糙；不完备。
11.	暖烘烘	nuǎnhōnghōng	(形)	状态词。形容温暖宜人。
12.	恋	liàn	(动)	想念不忘；不忍分离。
13.	呼啸	hūxiào	(动)	发出高而长的声音。
14.	割舍	gēshě	(动)	舍弃；舍去。
15.	御寒	yùhán	(动)	抵抗寒冷。
16.	蒸气	zhēngqì	(名)	水等液体因热而变成的气体。
17.	奇异	qíyì	(形)	奇怪特别，不同寻常。
18.	景象	jǐngxiàng	(名)	情景，状况。
19.	照耀	zhàoyào	(动)	(强烈的光线) 照射。
20.	澄清	chéngqīng	(形)	(水) 清凉而透明。
21.	隐现	yǐnxiàn	(动)	不清晰地显现。
22.	言语	yányǔ	(名)	说的话。
23.	属	shǔ	(动)	系，是。
24.	眨	zhǎ	(动)	(眼睛) 闭上立刻又睁开。

25. 痕迹	hénjì	（名）	残存下来的、表露不明显的情况，用来推断事物的过去或将来。
26. 骤然	zhòurán	（副）	突然；忽然。
27. 包管	bāoguǎn	（动）	担保（表示说话人的自信）。
28. 纬度	wěidù	（名）	地球表面南北距离的度数，从赤道到南北两极各分90度。通过某地的纬线跟赤道相距若干度，就是这个地点的纬度。
29. 非	fēi	（副）	跟“不”呼应，表示必须。
30. 恩惠	ēnhuì	（名）	给予或受到的好处。
31. 三伏	sānfú	（名）	初伏、中伏、末伏的统称。三伏天一般是一年中天气最热的时期。
32. 乘凉	chéng liáng		热天在凉快透风的地方休息。
33. 炎热	yánrè	（形）	（天气）很热。
34. 一瞬间	yíshùnjiān	（名）	转眼之间，形容时间极短。
35. 愈	yù	（副）	〈书面语〉叠用，跟“越……越……”相同。
36. 肃杀	sùshā	（形）	〈书面语〉形容秋冬天气寒冷，草木枯落。
37. 凄凉	qīliáng	（形）	人烟稀少，草木败落，让人感觉孤独、寂寞、悲伤。
38. 沉静	chénjìng	（形）	（性格、心情、神色）安静；平静。
39. 而已	éryǐ	（助）	用在陈述句的末尾，有把事情往小里说的意思。
40. 统观	tǒngguān	（动）	总起来看，全面地看。
41. 休养	xiūyǎng	（动）	休息调养。
42. 情趣	qíngqù	（名）	情调趣味。
43. 打鬼	dǎ guǐ		又称“跳布扎”“跳神”。藏传佛教习俗，在宗教节日里喇嘛装扮成神魔鬼等诵经跳舞。（布扎：藏语，恶鬼。）

44. 荟萃	huìcuì	（动）	（杰出的人或美好的事物）集合，凑在一起。
45. 进展	jìnzhǎn	（动）	（事情）向前发展。
46. 永久	yǒngjiǔ	（形）	永远；长久。
47. 子孙	zǐsūn	（名）	儿子和孙子，泛指后代。
48. 保有	bǎoyǒu	（动）	拥有；具有（大量的土地、人口、财产等）。

四字词语

1. 乌烟瘴气	wū yān zhàng qì	形容环境嘈杂、秩序混乱或社会黑暗。
2. 杂乱无章	záluàn wú zhāng	又多又乱，没有条理。
3. 谈天说地	tán tiān shuō dì	指漫无边际地闲谈。
4. 秋高气爽	qiū gāo qì shuǎng	形容秋天天空晴朗明净，气候凉爽宜人。

专有名词

1. 上海	Shànghǎi	中国城市名，位于东部沿海地区。
2. 南京	Nánjīng	中国城市名，江苏省省会。
3. 广州	Guǎngzhōu	中国城市名，广东省省会。
4. 汉口	Hànkǒu	中国地名，现隶属于湖北省武汉市。
5. 武昌	Wǔchāng	中国地名，现隶属于湖北省武汉市，与汉口、汉阳并称“武汉三镇”。
6. 青岛	Qīngdǎo	中国城市名，位于山东省境内，是风景秀美的临海城市。
7. 福州	Fúzhōu	中国城市名，福建省省会。
8. 杭州	Hángzhōu	中国城市名，浙江省省会。

9. 西直门	Xīzhí Mén	位于北京西城区北部。元代为大都城和义门所在地，明、清时为京师内城九门之一。西直门现已成为地名，泛指西直门内、外大街与西直门南、北大街相交处的西直门桥附近。
10. 骆驼庄	Luòtuó Zhuāng	位于北京丰台区。
11. 西山	Xī Shān	位于北京西部，是指北京西部的群山，以“八大处”景区闻名。
12. 八大处	Bādàchù	北京西郊翠微山、卢师山和平坡山之间，三峰环抱古寺八座，人称“西山八大处”“八大寺”，是著名的风景区。
13. 玉泉山	Yùquán Shān	北京三山五园之一，位于颐和园的西侧。山中泉水被乾隆皇帝御批为“天下第一泉”。
14. 碧云寺	Bìyún Sì	北京寺院名，位于海淀区，原名碧云庵。
15. 雍和宫	Yōnghé Gōng	位于紫禁城东北方，与国子监、孔庙、地坛相邻，是北京最大的藏传佛教寺院，也是北京保存最完好的古代建筑群之一。现总面积6600平方米。
16. 净业庵	Jìngyè Ān	位于北京东城区。此处在明代时曾为方家园，后改建成净业庵。
17. 丰台	Fēngtái	北京南城城区名。
18. 万牲园	Wànshēng Yuán	北京动物园旧称，位于西直门附近。
19. 黄帝	Huángdì	传说中中国原始社会部落联盟首领。曾打败炎帝和蚩尤，统一中原。

词语讲解与练习

一 词语例释

1. 总归

副词 表示无论怎样一定如此；最后必然如此。

◎上海的热闹，南京的辽阔，广州的乌烟瘴气，汉口武昌的杂乱无章，甚至于青岛的清幽，福州的秀丽，以及杭州的沉着，总归都比不上北平的典丽堂皇，悠闲清妙。

① 不管他怎么跟你吵，这是他的家，他总归要回来的。

② 这部影片总归是要搬上荧屏，跟广大观众见面的。

用在动词前，后面常常跟“会”“要”等能愿动词连用。

③ 无论这个问题有多么难办，总归我们是会解决的。

④ 我相信，只要坚持下去，总归你我会走在时间的前头的。

用在主语前，这种情况不大多见。

⑤ 事实总归是事实，谁也不能否认。

⑥ 外行总归是外行，看什么都觉得新鲜有趣。

“名＋总归是＋名”，前后名词相同，强调所指事物的特点。

2. 非

副词

◎……晚上太阳一下山，没有一处不是阴凉得要穿单衫才行的；半夜以后，更是非盖薄棉被不可了。

① 要学好一种语言，非下苦工夫不可。

② 这项任务是很专业的，非得他亲自来完成不行。

“非……不……”，表示强调，必须要这样。“非”后多数为动词，也可以用表示动作的短句或指人的名词或代词。常常和“得”连用，后面常有“不行”“不可”“不成”等词呼应。

③ 不让他来，他非要来（不行）。

④ 怎么说你都不听，非得让我生气（不可）吗？

口语中，常常省略后一部分，单用“非”或“非得”，用来承接上下文或表示反问。

⑤ 年轻人非要经过一两年的锻炼才可以独立工作。

⑥ 这位老人的耳朵有点儿背，非得大声说他才听得清。

“非……才……”，表示必须要具备某一条件才能怎么样。与“非……不……”的意思基本相同，但前者后面不能用“不行”“不可”“不成”。

3. 愈

副词 同“越”，书面语色彩较浓。

◎ 北平近郊的秋色，实在也正像是一本百读不厌的奇书，使你愈翻愈感兴趣。

① 招聘歧视愈演愈烈的背景使当前劳动力市场供求矛盾突出。

“愈……愈……”，表示在程度上后者随着前者的增加而增加。只能有一个主语。习惯用语：愈演愈烈（表示事情或情况变得越来越严重）。

② 在漆黑的夜幕中，她那张苍白的脸愈显得恐怖了。

③ “霜重色愈浓”是对秋天红叶变色的最为形象的概括。

④ 工作的忙碌和精神的紧张使他的身体每况愈下。

单用，意思相当于“更加”。习惯用语：每况愈下（指情况越来越糟糕）。

⑤ 愈是在情况紧急的时刻，愈是需要沉着冷静。

⑥ 朋友们愈是劝他休息休息，他愈是干得起劲儿。

⑦ 叛逆的青少年，你愈阻止他，他愈要坚持自己的想法和做法。

⑧ 考虑得愈周到，准备得愈充分，事情也就会完成得愈圆满。

“愈（是）……，愈（是）……”，前后主语可相同，也可不同，可以叠用多个“愈……”。

⑨ 随着经济全球化程度的日益提高，各国间的联系和交往愈来愈密切。

⑩ 这个在2000年1月通过的议定书反映了国际社会愈来愈关注转基因生物对生态及公众健康的潜在风险。

“愈来愈……”，表示程度随时间的推移而增加。只能有一个主语。

4. 而已

助词

◎ 那一种哀感，在南方是不大感觉得到的，所以我说，北平的秋，才是真正的秋；南方的秋天，不过是小春天气而已。

① 自驾车去那儿旅游挺不错的，不过两个半小时车程而已。

② 我只是开个玩笑而已，何必那么认真呢？

③ 所谓的“希腊留影”不过是他从网上下载的一张图片而已。

④ 这无非是他在现实中无法实现而安慰自己的一个梦想而已。

用在陈述句的末尾，有把事情往小里说的意思，常跟“不过”“无非”“只是”等词前后呼应。多用于书面，口语用“罢了”。

⑤ 他只是想打个招呼，仅此而已，不必太紧张了吧。

⑥ 我只是怕你太伤心了，如此而已，难道你觉得我欺骗你了吗？

习惯用语：仅此而已、如此而已（只是这样罢了）。

二 词语辨析

1. 辽阔　广阔

辽阔

◎ ……上海的热闹，南京的辽阔……

① 艺术团的精彩表演结束后，掌声和欢呼声在辽阔的大草原上回响。

② 遥远的大西北带给我们的，全部是无穷无尽的苍茫和辽阔的大地。

③ 科学家们发现：以北极为中心的周围地区实际是一片辽阔的水域。

④ 在辽阔的宇宙里，这些恒星不过像大海里的水滴，也许还要小。

⑤ 中国文化中心的设立使我们有更多机会了解幅员辽阔的中国。

广阔

⑥ 一名真正的学者首先应具有能包容天地的广阔胸怀。

⑦ 这句话从一个广阔的视野概括了武侠小说的类型特征。

⑧ 本次会谈的成功意味着两国经贸合作的前景十分广阔。

⑨ 该公司生产的绿色产品在海内外都拥有着广阔的市场。

⑩ 国家之间的沟通为艺术家们提供了广阔的创作天地。

异同归纳		辽阔	广阔
同	词性	形容词	
	词义	形容事物面积大、范围广。	
	句法功能	作定语、谓语。	
异	词义侧重	着重于辽远无边。 有时还包括“空旷”的意味。	着重于又宽又广。
	词义轻重	较重， 比“广阔”更宽、更大、更广。	略轻。
	词义范围	多用于具体事物。	可用于抽象事物。
	搭配对象	草原、大地、水域、天空、原野、海洋、沙滩…… 例①②③ 宇宙、幅员、疆域…… 例⑤	土地、草原、田野、沙滩…… 胸怀、视野、前景、市场…… 例⑥⑦⑧⑨ 天地、范围、领域、生活空间、发展空间…… 例⑩

2. 言语　语言

言语

◎ ……留给人的印象，实在是深刻、伟大、神秘到不可用言语来形容。

① 拜年的言语愈来愈趋于现代时尚、高雅文明之列。

② 音乐带给人类精神的愉悦是无法用言语表达的。

③ 如此矛盾的言语出现在一个矛盾的人物身上一点儿也不足为奇。

④ 这位女孩儿说话安静而有礼貌，言语之间流露出对他的好感。

⑤ 专家认为，女性比男性更易于适应老年生活，更乐于与人言语交流。

语言

⑥ 语言只能在人类社会中生成，在人类社会中存在并且发展。

⑦ 拿外语和汉语一对照就可以知道，汉语是词形变化不丰富的语言。

⑧ 大会规定，本国代表的发言由本国译员同时译成四种他国语言。

⑨ 如果一个人不会正确地运用语言文字，就很难谈到做学问的问题。

⑩ 不可否认，由于文化水平和职业的差异，他们之间缺少共同语言。

异同归纳

		言语	语言
同	词性	名词	
	词义	指作为人类交际工具的音义结合的词汇和语法体系。	
异	语体风格	着重指口头形式。 课文例句、例①②	一般也包括书面形式，通用于口语和书面语。 例⑥⑦⑧
	词义范围	表示说的话。 例③④⑤	与“文字”并举指口语， 例⑨ 有时还指话语。 例⑩

3. 骤然　猛然

骤然

◎ 若是神经系统不十分健全的人，骤然间置身于这样一个淡绿色的海洋里，包管你要睁不开眼，立不住脚，而昏厥过去。

① 一听到这个不幸的消息，欢笑声骤然停止了。

② 春节刚过，全市报名学车的人数就骤然超过了 1 万。

③ 受寒流的影响，北部地区的气温骤然降至零下 40 度。

④ 入冬以来，化妆品中的“保湿”系列护肤品的销量骤然上升。

⑤ 救护车呼啸而至，骤然间，医院内外的空气变得紧张起来。

猛然

⑥ 他猛然抬起头，才发现周围的人都在注视着他。

⑦ 看到他委屈的表情，大家才猛然醒悟原来是误会他了。

⑧ 金大爷猛然想起，他把自己的小马扎忘在公园了。

⑨ 汽车开到他的跟前，梁师傅猛然踩了一脚刹车，停住了。

⑩ 这时，他猛然间看见那三个人怒气冲冲地朝他跑过来。

异同归纳		骤然	猛然
同	词性	副词	
	词义	表示事情发生得迅速而出人意料。	
	句法功能	在主语后或主语前作状语，修饰谓语。 可与“间”“之间”共同作状语。	
异	词义侧重	着重于速度快而且程度剧烈。 含有“突然爆发”的意思。	着重于气势猛，强而有力。
	词义轻重	非常重。 强调神速、急速。	重。 强调突然、迅速。
	词义范围	适用范围比“猛然”宽。 可用于动作行为的变化，例① 也可用于状态的变化。例②	一般用于动作行为的变化。 例⑥⑦⑧⑨

4. 永久　永远

永久

◎ 五六百年来文化荟萃的北平，一年四季无一月不好的北平，我在遥忆，我也在深祝，祝她平安进展，永久地成为我们黄帝子孙所保有的旧都城。

① 人们纷纷举着照相机将这难忘的时刻留为永久的纪念。

② 该剧作为中国最优秀的古代戏剧文化遗产，具有着永久的生命力。

③ 科学家们发现，一些物种正在以惊人的速度灭绝，将会在地球上永久地消失。

④ 医生们所担心的是，这次意外是否会对他的心灵造成永久性的伤害。

⑤ 专家认为，土地使用权永久化是一种比较理想的方式，但却不是短期内能够实现的事情。

永远

⑥ 创新本身是艺术家永远追求的东西。

⑦ 你永远不知道前方等待着你的是什么。

⑧ 美好的大学生活将永远定格在我们青春年代的人生旅途中。

⑨ 我会永远想念那座城市，也会永远想念在那里认识的好朋友们。

⑩ 李老师永远永远是我们最尊敬的老师和最难忘的朋友。

异同归纳		永久	永远
同	词义	状态持续不变，时间久远。	
异	词性	形容词	副词
	词义侧重	形容性质、状态长久持续不变。	表示动作、行为、状态持续不变或一直继续下去。
	句法功能	常作定语 例①② 有时作状语，跟“永远”通用，但不常用。 例③	常作状语，一般不作定语。 例⑥⑦⑧⑨
	固定格式	可构成“永久性”“永久化”的固定结构。 例④⑤	可重叠为“永远永远”。 例⑩
	语体风格	多用于书面。 课文例句	通用于书面语和口语。

三 词语搭配

1. 恋

在心底～（着）	～着家乡	～着
深深地～（上）	～上网络游戏	～上了
苦苦地～（着）	～着事业	～起……来

2. 呼啸

寒风～	～而过	～的西北风
警车～	～而来	～的叫喊声
子弹炮火～	～了好一阵儿	～的汽笛声

3. 属

实～不易	纯～虚构	情况～实	～……气候
实～下策	纯～巧合	陈述～实	～……地区
实～无奈	纯～偶然	调查～实	～发展中国家

4. 休养

在海滨～	～身体	～一下
好好～～	～生息	～到夏天
静心～	～民力	～下去

四 练习

(一)模仿例子组成新词

例:	辽阔	广阔	宽阔	开阔		简陋	简单	简便	简短
1.	骤然	____然	____然	____然	5.	言语	言____	言____	言____
2.	炎热	____热	____热	____热	6.	奇异	奇____	奇____	奇____
3.	沉静	____静	____静	____静	7.	凄凉	凄____	凄____	凄____
4.	进展	____展	____展	____展	8.	永久	永____	永____	永____

(二)选择适当的词语填空

辽阔　广阔　　言语　语言　　骤然　猛然　　永久　永远

1. 为躲避酷暑来北部山区旅游度假“寻凉”的游客________增加。
2. 自由是人类进步的唯一可靠且________的源泉。
3. 领土________的美国、俄罗斯、加拿大都有强大的铁路网作为国家经济支柱。
4. 看着早出晚归的老父亲，我们做儿女的感到一种无法________的心疼。
5. 老张________想起那个袋子里装着他写了一半的论文和重要资料。
6. 城市道路的增加速度________也比不上汽车的增加速度。
7. 国外日益宽松的投资环境、________的市场潜力吸引了中国企业家的目光。
8. 强烈的生活气息和幽默风趣的________风格是这部电视剧的一大艺术特色。

(三) 选择适当的四字词语填空

乌烟瘴气　　杂乱无章　　谈天说地　　秋高气爽

1. “个人利益最大化”的经济人把你争我夺的市场搞得＿＿＿＿＿＿的。
2. 正值＿＿＿＿＿＿，树上的叶子一片片落下来，像一只只翩翩起舞的蝴蝶。
3. 成片的机床设备＿＿＿＿＿＿地摆在空地上，一看便知这家工厂很不景气。
4. 忙碌了一天的村民悠闲地在街道上散步，在路灯下打牌下棋、＿＿＿＿＿＿。

(四) 为四字词语选择适当的位置

1. 杂乱无章

A 跟着畅销书 B 的“风”去阅读，对于学生来说，只能使自己 C 的知识 D ，浪费建立有自己目的的知识体系的时间和机会。（　　）

2. 谈天说地

在寂寞时 A，我总会想到童年的朋友 B ，总希望能 C 找个清静的地方和他聊东聊西 D 。（　　）

3. 秋高气爽

正值 A 金秋时节 B 、风和日丽的 C ，非常适合户外活动，D 去旅行、去登山或去远足。（　　）

4. 乌烟瘴气

这些新诞生的厨房小家电真正地将人们从 A 厨房 B 的 C 世界里 D 、从繁重的家务中“解救”出来，享受生活的美好。（　　）

(五) 用指定词语完成句子

1. 内蒙古是中国内陆地区有名的旅游胜地，＿＿＿＿＿＿＿＿＿＿。（辽阔）
2. 面对着突如其来的洪灾，＿＿＿＿＿＿＿＿＿＿＿＿＿＿。（沉着）
3. 这家公司刚起步时条件是非常艰苦的，＿＿＿＿＿＿＿＿＿＿。（简陋）
4. 我常幻想有一天能到美丽的海底潜水，＿＿＿＿＿＿＿＿＿＿。（奇异）
5. 受来自西伯利亚的冷空气的影响，＿＿＿＿＿＿＿＿＿＿＿＿。（骤然）
6. 空调日益成为现代人夏日生活的必备品，＿＿＿＿＿＿＿＿＿＿。（炎热）

7. 赡养老人是子女必尽的义务，____________________________。（凄凉）

8. 运动员应当及时治疗运动损伤，____________________________。（永久）

9. 黄河流域是中华民族的发源地，____________________________。（子孙）

10. ____________________________，人们常常会思念家乡的亲人。（沉静）

（六）用指定格式完成句子

1. 你看北京到处是名胜古迹，__________________________。（……总归是……）

2. 其实谁也没有想到会发生这样的事，________________________。（实属……）

3. 目前，国际上出现了一股“汉语热”，________________________。（愈来愈……）

4. A：这么重的任务，他一个人完成恐怕有难度，你去帮个忙吧。

B：____。（非……不……）

5. A：看你们俩好像很熟的样子？

B：____。（不过……而已）

（七）下面每句话都画出了 ABCD 四个部分，请挑出有错误的部分

1. 据北京“2008”工程建设指挥部透露（A）：到目前为止（B），国家体育场、游泳中心等北京奥运场馆建设发展顺利（C），工程的工期和质量都能得到保证（D）。（　　）

2. 京城的风景无处不美（A），不但有伟大而壮观的名胜古迹，吸引了众多游客（B）；而且整个北京城，犹如一座大公园似的，遍地有树，处处有花（C），让生活在其中的人们内心沉着（D）。（　　）

3. 有部分城市对传统形式生搬硬套，四处是仿古一条街（A），以至于一眼望去（B），很难分辨它们是历史文物（C），还是时代的“城市化装舞会”而已（D）。（　　）

4. 随着网络的发展和普及（A），校方要重点关注个别因恋上网聊天、网络游戏等荒废（B）

学业的学生，建立和完善谈话制度，定期与学生家长取得联系，让家长及时了解学生信息。（　　）
C　D

5. 在当今社会，我们城市生活水平日益提高的同时，身边原有城市的特色却在渐渐地消失，城市趋同的现象愈加愈明显。（　　）
A　B　C　D

语法讲解与练习

一　条件复句

两个分句间为偏正关系，偏句在前，表示条件，正句在后，说明满足这些条件后的结果。

条件复句分为无条件复句和特定条件复句两类。

◎在三伏当中，不管是白天还是晚上，你只需有一张藤榻，搬到院子里的葡萄架下或藤花阴处去乘凉，吃吃冰茶雪藕，听听盲人的鼓词与树上的蝉鸣，都一点儿也感觉不到炎热。

① 不管明天天气情况如何，我们这个考察小组都会按时出发。

② 无论遇到多么大的困难或阻碍，她总是积极乐观地面对。

③ 不论是何种场合，他都不注意自己的形象，让人感觉很无奈。

④ 任我们怎么苦口婆心地劝他，他也不准备改变自己已有的决定。

⑤ 任凭风吹雨打，这棵小小的树苗都是会茁壮成长，长成参天大树的。

以上例句属无条件复句。表示在任何条件下都会产生正句所说的结果或得出正句所下的结论。

⑥ 只要你肯真诚地向他道歉，他就会原谅你的。

⑦ 一种习惯，一旦渐渐养成，就会成为人的第二天性，根深蒂固。

偏句中用“只要”，表示实现正句结果的条件是充足的。具备了这个条件，就能产生正句所说的结果。

⑧ 只有靠集体的智慧才能赢得这场比赛的胜利。

⑨ 除非他耳朵有问题，不然不会听不到这么大的声响。

⑩ 除非你答应我的条件，否则别想得到我的任何支持和帮助。

偏句中用“只有”“除非”，表示实现结果的条件是必要的。没有这个条件就不能产生正句所说的结果。

以上例句属特定条件复句。表示在某一条件下，就会/才会产生正句所说的结果或得出正句所下的结论。

常用关联词

无条件复句		不管……都/也/总…… 无论/不论……都/也/总/还…… 任/任凭……都/也/总/还……
特定条件复句	充分条件	只要/一旦/只需……就/便/都/总……
	必要条件	只有……才/才能…… 除非……不然/否则（+ 否定结构）……

二 练习

（一）选择适当的关联词填空

不管……，还……	只有……，才……
无论……，都……	只要……，总……
任凭……，也……	只需……，便……
一旦……，就……	除非……，否则……

1. 经过七天的休息，大家________身心________得到了非常好的调节。
2. 学习语言不能太心急，________真正了解了这门语言、掌握了学习方法，________会有收获的。

3. ________轻轻动一动手指，________可以在网上尽览天下，这都归功于科技的发展。
4. 做过十年模特的她________后来从事什么工作，________是最思念 T 台生涯。
5. ________对一个行业的资料内容作过大量的分析________能进行有效的管理。
6. 看病要预约，不能直接上门，________是急诊，________经常会看不成病。
7. 现代中国家庭都是独生子女，________这个孩子教育失败，________意味着家庭对子女的教育百分之百的失败。
8. ________他怎么拼命敲门________不见妻子开门，看来妻子真的生气了。

(二)模仿例句，用指定关联词完成句子

1. 别管……，都……

例：对大多数的中国家长来说，别管到哪儿、做什么，放在第一位的都是孩子。

① 别管明天天气好或者不好，________________________________。

② ________________________________，都应该尊重他个人的意见。

③ A：我很担心明天的比赛，对自己很没信心。

B：________________________________。

2. 任凭……，也……

例：我们的车抛锚了，任凭大家怎么把车子推得飞快，也发动不起来。

① 任凭你的时间再紧，________________________________。

② ________________________________，她也高兴不起来。

③ A：你去问过他有关那件事的真实情况没有？

B：________________________________。

3. 除非……，否则……

例：除非你清楚地讲出来，否则仅仅是暗示，任何人都不会明白你的真实想法。

① 除非有一整套严格的奖惩制度，________________________________。

② ________________________________，否则你无法实现你的梦想。

③ A：你病得这么严重，怎么还不去医院看病？

B：____。

4. 一旦……，就……

例：一旦他脸色阴沉、无精打采，大家就知道最近他准是又"财政"紧张了。

① 一旦你失去了大家的信任，________________________________。

② ____，就不要再改变了。

③ A：出发前我们是不是应该作好充分的准备？

B：____。

5. 只需……，即……

例：这种打印机使用起来简单方便，只需三步操作，即可将数码相机中的照片打印出来。

① 不用太长时间，只需一个星期________________________________。

② ____________________________________，即可享受美味的早餐。

③ A：当今时代，真是交通便利，出外旅行再也不用在路上花费很长时间了。

B：是啊，____。

(三) 按逻辑关系排列顺序

1. A. 有时候也避免不了争吵

B. 总归都是要把事情做得更好

C. 当然一家人在一起

D. 但不管怎样争吵 ____________

2. A. 无论是中国人还是外国人

B. 北京是中国经济、政治、文化的中心

C. 都无一例外地会说

D. 当问起对北京的印象 ____________

3. A. 它都将是喜剧表演珍贵的音像资料
   B. 也不管当时对该片的评价如何
   C. 成为人们永久的收藏
   D. 不管当时整个社会对喜剧的认识如何 ______________

4. A. 就是指只有不断吸收知识的养分
   B. 永远立于不败之地
   C. 所谓“活到老，学到老”
   D. 才能紧跟时代，把握先机 ______________

5. A. 要有任凭时间流逝
   B. 真正的强者强在内心
   C. 也不会屈服和改变的信念
   D. 你要有强劲的内心 ______________

修辞提示与练习

一 比喻

为了使描写的对象更加形象、生动，使说明的道理更浅显、易懂，从而使事物的特点、本质和作者的情感、态度更清晰、透彻，人们常常会使用一种把此物比成其他相似之物的方法，这种修辞手法就是比喻。

被比喻的事物叫本体，用来作比喻的事物叫喻体，用来连接本体和喻体的词语叫喻词。

◎……因为北平的春来也无信，去也无踪，眼睛一眨，春光就会像飞马似的溜过。

本体：春光；喻体：飞马；喻词：像……似的。

◎而北方春天最值得记忆的痕迹，是城墙内外的那一层新绿，如洪水似的新绿。

本体：新绿；喻体：洪水；喻词：如……似的。

◎北平近郊的秋色，实在也正像是一本百读不厌的奇书，使你愈翻愈感兴趣。

本体：秋色；喻体：奇书；喻词：像……

① 中秋之夜的月亮仿佛一张大玉盘高高地挂在空中。

本体：月亮；喻体：玉盘；喻词：仿佛。

② 自知死亡将至的老鹰，箭一般地冲进深深的湖水中。

本体：老鹰；喻体：箭；喻词：一般。

③ 被雨洗过的天空突然出现一道彩虹，好像一座美丽的天桥。

本体：彩虹；喻体：天桥；喻词：好像。

以上例句，本体和喻体均出现，用喻词“同/如……似的、像、仿佛、一般、好像”连接，直接明白地用喻体来说明本体，这种比喻类型为明喻。

◎北平城，本来就是一个只见树木不见屋顶的绿色都会，一踏出城门，四面的黄土坡上，更是杂树丛生的森林了；在日光里颤抖着的嫩绿的波浪，油光光，亮晶晶，若是神经系统不十分健全的人，骤然间置身于这样一个淡绿色的海洋里，包管你要睁不开眼，立不住脚，而昏厥过去。

本体：森林；喻体：波浪，海洋。

④ 活泼可爱的女儿简直就是他的开心果。

本体：女儿；喻体：开心果；喻词：是。

⑤ 跟你这个外行聊专业问题等于对牛弹琴。

本体：你这个外行；喻体：牛；喻词：等于。

⑥ 我根本没办法独立行动，因为有个小尾巴——我的妹妹。

本体：我的妹妹；喻体：小尾巴。

以上例句，本体和喻体均出现，但是喻词换成了“是、等于、成、成为”，或者借助于标点符号（例⑥）等特殊形式来连接本体和喻体，这种比喻类型为暗喻，又叫隐喻。

⑦ 家长总想为孩子提供一个安全的港湾，可是孩子却往往不这样认为。

本体：（家）；喻体：港湾。

⑧ 现代餐饮业，有很多垃圾在吸引着人们，同时也在影响人们的健康。

本体：（不健康食品）；喻体：垃圾。

⑨ 公安人员已经在这里守了七天七夜了，看来老蛇就要出洞了。

本体：（狡猾的罪犯）；喻体：老蛇。

以上例句，本体和喻词均未出现，极尽想象，直接用喻体替代性描写或说明本体，这种比喻类型为借喻。

常用喻词

类型	位置	喻词
明喻	前	像，好像，似，仿佛，仿似
	后	……一样，……般，……一般，……似的
	合用	像……似的，像……一样，如……一般
暗喻	前	是，成，称为，变成，等于
借喻		——

注 意

判断一个语句是否是比喻句并不能单纯地根据喻词的有无。在某些句子中，即使出现了“一样”“好像”等可以作为喻词的词，也并不说明其就是比喻句，因为上述喻词往往均可以用来表示对比或表示形象地说明等等，非单一功用。

◎ 先说房屋的防寒设施吧，北方的房屋，同南方的摩登都市并不一样。南方的房屋，用的是钢筋水泥，冷热气管。

▲ 上句出现了“一样”一词，但本体和喻体均未出现，只是一个比较句。

二 练习

分析各段的比喻类型，指出本体、喻体和喻词

1. 北京这个地方，实在适宜于绿树的点缀。在东西长安街上，故宫的黄瓦红墙，配上那一碧千株的槐林，亭亭如盖，简直就是一幅水彩画。宽阔的马路上，两边槐树整齐划一，绵延不断，远远望去，仿似一条绿色的长廊。

2. 一觉醒来听见窗外树上鸟叫，心似乎减轻重量，直飞上去。可是这欢喜是空的，像小孩子放的气球，上去不到几尺，便爆裂归于乌有，只留下无言的忧愁。他坐立不安地要活动，却使不出劲来，好似杨花在春风里飘荡，而身轻无力，终飞不远。

3. 夜色加浓，苍空中的“明灯”越来越多了。而城市各处真的灯火也次第亮了起来，尤其是围绕在海港周围山坡上的那一片灯光，从半空倒映在乌蓝的海面上，随着波浪晃动着、闪烁着，像一串流动着的珍珠。

4. 城墙是城市的护盾。城墙对于城市来说，如同武士的盔甲，城市对于城墙来说，如同美貌的少妇身边有一个相亲相爱、一身硬功夫的武士。城墙又是一部历史的教科书，它给人们上了一堂又一堂的历史课。

5. 他太苍老了，黑灰色的脸，布满了凌乱的皱纹，像是一块老树皮；凸出的前额上，刻着几道深深的皱纹，好像是被刀子划上的一般；他弯曲的背，形成了一个大大的问号。

表达与写作

表达训练

1. 试谈一谈你亲历的北京各个季节有哪些特点？你又是怎样度过的呢？
2. 试回想一下，你游历过的中国其他城市，它们的风土人情各有什么特点？
3. 北京和你游历过的其他城市的风土人情体现出当地人怎样的生活方式及习惯？
4. 试描述一下在不同的心境下你熟悉的城市的风土人情和人们的生活方式及习惯有什么变化。
5. 有人说，在现代社会繁忙的都市生活中，人们应该尽可能地保持自然的生活方式及习惯，对此你有何看法？
（如：紧张与轻松、单一与丰富、时尚与健康……的结合）

写作训练

试从以下选题中任选其一作文，题目自拟。

字数：不少于300字；要求：尽量参考并尝试使用课文里的重点词语。

第一题

一座都城，有各种各样的面相。有用刀剑建立起来的，那是政治的北京；有用金钱铸造起来的，那是经济的北京；有用砖木堆砌而成的，那是建筑的北京；有用色彩涂抹而成的，那是艺术的北京；有用文字累积起来的，那是文学的北京。

那么你初识的北京是什么样的呢？

第二题

城市是一个自然和地理的单元；城市是人类一种聚集的方式；城市是一片经济的区域；城市是文化的空间；城市是一部打开的书；城市是一代又一代的光荣与梦想、期望与抱负；城市是一种生活方式。

那么你所居住的城市具有怎样的季节特点以及风土人情呢？

扩展空间

名家典藏

《骆驼祥子》老舍

《故都的秋》郁达夫

《漫话北京》邓友梅

《迷人的北平》林语堂

媒体资源

http：//www.oldbj.com（北京文化网）

http：//www.oldbeijing.org（老北京网）

《北京大观》（VCD）中国科学院大恒电子出版社出版发行

词语追踪

绿色奥运　绿色北京

休闲文化　休闲运动　游憩文化　自驾游　出境游

2 代际关系

背景阅读与练习

一 限时阅读，按要求回答问题

限时：7 分钟

时代的变迁，社会的进步使得旧时上下代人的绝对不平等关系已不复存在，但是，随着社会的变革，代际间在生活方式、价值观念、伦理准则上的冲突日益突出，出现了很多新问题。就子辈而言，如孝顺父母观念淡化，不承担养老义务或者重物质赡养、轻精神赡养，过度依赖父母，“沾”老、“刮”老等等；就父辈而言，如过分溺爱，过度扶持，包办代替，重智轻德、重养轻教，重生理、轻心理等等。这些问题随着独生子女的增多日趋严重，更对传统的父子之道提出了前所未有的挑战。

中国传统伦理观历来重视亲情，提倡父权至上，家长专制。然而今天，由于子辈受教育程度、生产经营能力远远超过父辈，父辈子辈的家庭地位发生了根本“易位”。子辈当家、父辈让权、子女为父母发工资等新鲜事使原本建立在自然经济基础上的家庭亲情观发生了一场“革命”。子辈的独立意识不断增强，亲子关系日趋平等，家庭氛围更为民主。它要求人们树立与之相适应的自立、竞争和开拓创新等意识，父母要通过平等的沟通方式，了解子女的想法与意愿，对他们的选择提出建设性意见，引导他们作出正确的选择。假如父辈仍然把孩子看作私有财产，要家长威风，包办代替、越俎（zǔ　古代割肉用的菜板）代庖（páo　厨师）、干涉过多，那么子辈的个性发展、智力开发，甚至健康成长都会受到很大的制约和影响，更不可能产生现代社会所需要的意识和能力。同时，伴随着生活水平的提高和老龄化社会

的到来，当代中国人的养老观也发生着根本性的变革，越来越多的人不再指望养儿防老，因此，要特别倡导子女对父母实行“精神赡养”。父辈子辈在人格上相互尊重，在生活上互助互爱，在价值观念、兴趣爱好、生活方式等方面互相理解、尊重；多方位、多角度的交流与沟通，把代际间的矛盾和隔阂（géhé　沟通的障碍）尽量减少到最低限度。

代际间的“对话”与“对抗”永远是交织在一起的。不同代际主体在思维特点上存在明显差别：青年人的思维特征是以情感为中介的、生动的、感情化的形象思维；而老年人的思维特征则是以理性为中介的、缜密（zhěnmì　周密、细致）理智的抽象化思维。

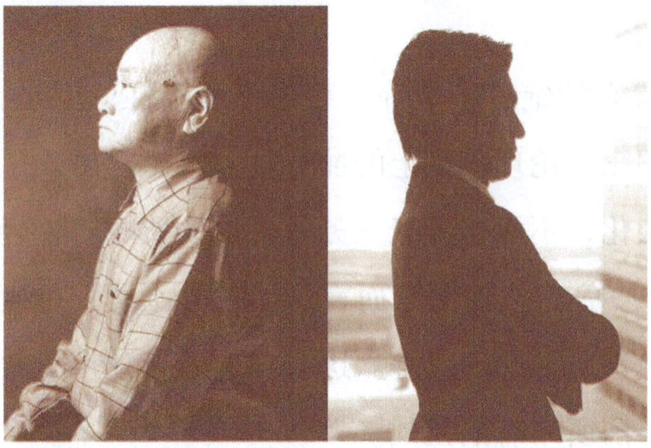

不同的代际主体在认识对象时，其价值审视的焦点不同。一般说来，有丰富社会阅历和生活经验的上一代人，注重社会文化的稳定倾向，注重已经形成体系的价值观念的延长与传递。而人格尚未定型、性格也正在形成的新一代人，则把自己的审视焦点侧重在社会文化的动态趋势上，他们对上一代人的文化传承，总是批判多于顺应。这要求我们必须尊重代际间的合理差异，求同存异。现代社会科技发展突飞猛进，社会变革日新月异，特别是互联网技术的应用，知识的更新周期会越来越短，这在一定程度上使得家庭代际间产生隔阂或鸿沟（hónggōu　比喻明显的界线）的时间间隔也越来越短。为了解决这一问题，无论父辈还是子辈都应自觉树立终生学习的理念，特别是父辈更要主动适应社会的变化，积极接受新事物、新观念，使自己的思想和行为始终与时代合拍。这样双方才有共同语言，沟通才会更加容易引起对方的共鸣，关系也才会更加融洽，代际关系才能得到更为合理的调适。

判断正误（正确的画“√”，错误的画“×”）

1. 随着社会的进步，家庭代际关系已经是一种完全平等的关系了。（　　）
2. 中国传统伦理观中，把父辈的权利看成家庭之中最高的权利。（　　）
3. 现代中国家庭中，越来越多的老年人养老不再依靠自己的儿孙。（　　）
4. 青年人的思维以理性为主，老年人则以感性思维为主。（　　）
5. 青年人对已经形成的价值观念和文化思维并不是完全无条件地继承。（　　）
6. 科技发展，使知识更新加快，这也是造成家庭代际差异的原因。（　　）

选择正确答案

1. 以下不属于当代子辈伦理观念一般特点的一项是： （ ）
   A. 不赡养父母或忽略父母的情感 B. 不重视孝顺父母
   C. 过度地依赖父母的钱财或能力 D. 直接反对父母，与父母发生冲突
2. 以下不属于当代父辈伦理观念一般特点的一项是： （ ）
   A. 过分地宠爱子女
   B. 包办子女的婚姻大事
   C. 过多帮助甚至代替子女做事
   D. 重视子女的身体健康，轻视子女的心理健康
3. 文中“革命”是指： （ ）
   A. 新政权推翻旧政权的斗争 B. 家庭亲情关系的根本性变化
   C. 子女反对父母的斗争 D. 父母对子女感情的变化
4. 文中“越俎代庖”的意思是： （ ）
   A. 父母代替老师教育子女 B. 父母帮助子女解决困难
   C. 父母代替子女处理事情 D. 父母粗暴地对待子女
5. 文中“精神赡养”是指： （ ）
   A. 不必实际赡养，有这份心意即可
   B. 尊敬老人，按老人的要求做
   C. 注意关注父母的情感、情绪等精神世界
   D. 让父母和自己享受一样的精神生活
6. 文中“对话”与“对抗”分别是指： （ ）
   A. 父母与子女面对面讲话 父母与子女互不理睬
   B. 父母与子女交流沟通 子女与父母的想法对立
   C. 父母与子女聊天 子女反对父母的生活方式
   D. 父母对子女讲话 父母反对子女的做法

简单概括处理家庭代际差异的“求同存异”的具体方法。（不超过25个字）

二 阅读后按逻辑关系排列顺序

A.“孝”是为子之道的核心。封建经济是以家庭为单位的自然经济，家庭权利的转让、财产的继承都是由父辈决定的，因而儿子绝对地服从、孝顺父亲就成为封建家庭最为根本的道德原则。

B. 在中国传统的道德观念中，父子之间关系的基本原则就是父为子纲。其具体的道德范畴就是子孝父慈。它要求儿子必须绝对服从父亲，同时也要求父亲为儿子作出好榜样。

C.“慈”是为父之道的核心要求，即父辈对子女的抚爱。要求父辈在不失家长权威的条件下，对儿女、家人宽以待之，做到“父义、母慈”。

D. 这也是保持父子关系融洽、家庭和谐的一大要素。

重新排序________________________

三 阅读后按要求回答问题

散　步

我们在田间散步：我，我的母亲，我的妻子和儿子。

母亲本不愿出来的。她老了，身体不好，走远一点儿就觉得很累。我说，正因为如此，才应该多走走。母亲信服地点点头，便去拿外套。她现在很听我的话，就像我小时候很听她的话一样。

这南方初春的田野，大块小块的新绿随意地铺着，有的浓，有的淡；树上的嫩芽也密了；田里的冬水也咕咕地起着水泡。这一切都使人想着一样东西——生命。

我和母亲走在前面，我的妻子和儿子走在后面。小家伙突然叫起来：“前面是妈妈和儿子，后面也是妈妈和儿子。”我们都笑了。

后来发生了分歧（qí 不相同，不一致）：母亲要走大路，大路平顺；我的儿子要走小路，小路有意思。不过，一切都取决于我。我的母亲老了，她早已习惯听从她强壮的儿子；我的儿子还小，他还习惯听从他高大的父亲；妻子呢，在外面，她总是听我的。一霎时我感到了责任的重大。我想找一个两全的办法，可找不出；我想拆散一家人，分成两路，各得其所，终不愿意。最后，我决定委屈儿子，因为我伴同他的时日还长。我说："走大路。"

但是母亲摸摸孙儿的小脑瓜，变了主意："还是走小路吧。"她的眼随小路望去：那里有金色的菜花，两行整齐的桑树，尽头一口水波粼粼的鱼塘。"我走不过去的地方，你就背着我。"母亲对我说。

这样，我们在阳光下，向着那菜花、桑树和鱼塘走去。到了一处，我蹲下来，背起了母亲，妻子也蹲下来，背起了儿子。我的母亲虽然高大，然而很瘦，自然不算重；儿子虽然很胖，毕竟幼小，自然也轻。但我和妻子都是慢慢地、稳稳地，走得很仔细，好像我背上的同她背上的加起来，就是整个世界。

作者为我们展示了一个什么样的家庭关系？（不超过50个字）

作者为什么说"我背上的同她背上的加起来，就是整个世界"？（不超过50个字）

课　文

课文导读

这篇文章感情真挚，描述了同时身为父亲和儿子的"我"在生活中对亲情的切身感悟。"父与子"是个永恒不变的话题，它总是会带给人深刻的思考，尤其是在中国这样一个讲究传统的国度，祖孙三代同处一室时，相信很多人都会如作者这样，观察到自己的父亲在享受天伦、儿子在父亲和爷爷的呵护下开始生命的旅程。

思考题

1. 你是否了解中国传统的父子观？
2. 你是否了解当代中国家庭父子之间相处的情况？
3. 你是否了解中国当代家庭与旧时家庭代际关系发生了哪些变化？

父父子子

吴明

有些事情不是人力可为的，例如几代之间思想上的交融，生活方式的认同。所以，对于父母，如果他们一直与我们并肩前行，我们就应把他们当朋友，并可以在世人面前夸耀；如果他们落下好远好远，我们则应把他们当孩子，并把他们带离孤寂的角落，像他们当初对我们一样，耐心地哄着、宠着。

当我、父亲、我的儿子同桌进餐，而妻子不时在厨房和餐桌间频繁往来时，没有什么比这一刻更能让人感受到人类的传承关系了。我们构成一个完整的体系，暗示着宇宙的奥秘。生命存在的价值以及更替的意义，自然也在此刻呈现出来。

祖孙三代同桌进餐的时候，儿子显得特别兴奋，目光左右闪动，这个刚满六岁的小东西感到滑稽：怎么人的面孔那么相像，不光说话吃饭的神态极相似，就连嘴角上转瞬即逝的笑容都如出一辙，于是便傻笑起来。而唯独我，既与无知的儿子无法对话，又与饱经沧桑的父亲难以沟通，我沉默不语，处境尴尬。

父亲在席间不断说话，嗓音洪亮。他已过古稀①之年，精神矍铄，思维清晰，但不可避免地眼皮松弛，满脸皱纹，背弯曲着，人萎缩了一圈，显出垂老者通常的丑陋。在餐桌上，我始终不敢认真打量他，因为我从他身上看到，若干年后，我也必定成为一个丑陋的老头，坐到父亲现在坐的位子上，除了享受天伦之乐之外，就只有表现一下不服老的乐趣。此刻的一切多么强烈地提醒我该如何去获得生命的价值啊！

可是，一个令人心悸的念头闪过脑际：当我老后，坐在一旁的儿子即使与我搭话，也仅仅出于敷衍，像我今天所伪装的。这家伙连我这份涵养尚且没有，更别说懂什么纲常②伦理③了，只会让我在一边受窘。没有比明白这一点更为痛苦的了。

每当祖孙三代待在一起的时候，我总会产生被冷落的感觉。我竟是多余的。祖父一出现，孙儿便用嗲④得发颤的拉长的声音呼唤"爷爷——"，惹得老人热泪盈眶。他从来未曾用这种声调叫过"爸爸"。孙子对爷爷的亲情似乎是天生的，他刚刚学舌叫人时，就这般叫"爷爷"了。孩子与爷爷其实不常见面，有时一两个月才见一次，孩子非但不疏远，一旦见面，那一声"爷爷"倒喊得格外亲，憋足了思念之情。有时父亲光临，孩子在幼儿园午睡，他就伫立在幼儿园寝室的窗前，呆呆地望着入睡的孙子，使我大为感动。搜尽孩提时代的记忆，我从来未曾享受过他这般的挚爱，倒是有多次粗暴遭打的痛感至今难以磨灭。

祖孙情

遗传因子决定我儿子是一个刚强狂妄的家伙。从他身上我重新看到自己被生活磨平了的锋芒，他在逼真地重演我的过去。每回用餐，他爱抢占我的座位，仿佛可以满足某种欲望。从儿子身上，我也惭愧地发觉自己"种"的退化。他比我刚强。祖先的血性没在我的躯体内体现，而在他身上回归。他的男性意识特别强烈，睡摇篮时，除母亲之外，拒绝任何别的女性的怀抱。我孩提时代怕打针，怕见血，而他微笑着看着护士的针筒，没事儿一样，让注射室中那些大哭大喊的孩子们发呆。有一次，他额头被铁器撞得

① 古稀（xī）：指人七十岁，源于杜甫诗句"人生七十古来稀"，意思是能活到七十岁的人，自古以来是很少的，指能高寿是很不容易的事情。今天用"古稀之年"来代指人七十岁。

② 纲常：三纲五常的简称。旧时封建礼教所提倡的人与人之间的道德标准。

③ 伦理：指人与人相处的各种道德准则。

④ 嗲（diǎ）：〈方言〉形容因受人宠爱而故意装出的声音或姿态。

皮开肉绽，我都不敢正视那血肉模糊的伤口。他原先没哭，最后终于哭了，但是是从父母的惊慌中得知事情的严重而被吓哭的。我因此怀疑他的痛觉器官①是否出了毛病，无故拧他一把，他倒呼痛叫疼。

血脉的传承，注定父子之间必定有性格的冲突。每回冲突的失败者都是我。譬如在他赖在柜台前边非要买一件玩具这类事情上，譬如让他分床独自睡觉这类事情上，儿子每次都表现出疯狂的斗志，我一次又一次叹息着妥协。事后，我扪心自问，为了做父亲的尊严折磨儿子，是否太自私残酷了一点儿，但当时只为无法收拾这个小东西而感到沮丧。

天伦之乐

现在，临近春节，我又从北方到南方与家人团聚。我、父亲、我的儿子又将在一张餐桌上吃饭。我将会搜索枯肠②，努力找话与父亲说点儿什么，以示父子的融洽。我是爱父亲的，爱的成分中难免掺杂对垂老一代的同情。从纯理智的角度想，说实在的，我与父亲除了感情血脉的维系外，很少有共同的东西。我和他相隔起码两个时代，传统的差异使我们有各自的生活、志趣、思维空间。应该说这是正常的，不然，怎么会有人类社会的进步呢？难道不是时代的跨越造成了我与他之间的隔阂吗？可是，等到我老的时候，我却不愿意儿子用废话来打发我，我希望与他不仅只有感情的维系，还能有思想的沟通，在餐桌上海阔天空地对话，有面红耳赤的争辩，更有相互点头称道的阐发。我知道这很难很难，我后半辈子所做的一切，只为了实现这小小的夙愿。

（有删改）

---

① 器官：构成生物体的一部分，由数种细胞组织构成，能担任某种独立的生理机能。
② 枯肠（kūcháng）：〈书面语〉比喻写诗作文时缺乏灵感，思路不丰富。

思考与回答

1. 祖孙三代欢聚一堂各有什么样的表现？“我”有着怎样的感受？

滑稽　沟通　唯独　尴尬　颤　热泪盈眶　憋

2. 为什么“我”始终不敢认真打量父亲？

松弛　萎缩　垂老　丑陋

3. 文中写道：“没有比明白这一点更为痛苦的了。”作者明白了什么？又痛苦什么？

敷衍　念头　涵养　受窘

4. “祖先的血性没在我的躯体内体现，而在他身上回归。”父子间的不同点是什么？

欲望　皮开肉绽　惊慌　妥协

5. 作者认为等到他老的时候，父子关系的理想状态是怎样的？

打发　沟通　海阔天空　面红耳赤　阐发

词语

1. 不时	bùshí	（副）	时时，经常不断地。
2. 暗示	ànshì	（动）	不显露出来，不明白地表示意思。
3. 奥秘	àomì	（名）	高深神秘，不容易理解的事理。
4. 呈现	chéngxiàn	（动）	显出；露出。
5. 滑稽	huájī	（形）	（言语、动作）引人发笑。
6. 神态	shéntài	（名）	神情态度。
7. 唯独	wéidú	（副）	单单。
8. 无知	wúzhī	（形）	缺乏知识；不明事理。
9. 沟通	gōutōng	（动）	使双方能通连。
10. 尴尬	gāngà	（形）	所处的境地困难，不好处理。
11. 矍铄	juéshuò	（形）	形容老年人很有精神的样子。

12.	松弛	sōngchí	(形)	(事物)结构不紧密、松散。
13.	萎缩	wěisuō	(动)	(身体、器官等)功能减退并缩小。
14.	垂老	chuílǎo	(动)	〈书面语〉将近老年。
15.	服老	fú lǎo		承认年老,精力不如人(多用于否定)。
16.	心悸	xīnjì	(动)	〈书面语〉心里害怕。
17.	念头	niàntou	(名)	心里的打算。
18.	敷衍	fūyǎn	(动)	做事不负责或待人不真诚,只作表面上的应付。
19.	伪装	wěizhuāng	(动)	假装。
20.	涵养	hányǎng	(名)	长期养成的,在待人处事中能控制情绪的功夫。
21.	尚且	shàngqiě	(连)	提出程度更甚的事例作为衬托,下文常有“何况”相呼应,表示进一层的意思。
22.	受窘	shòujiǒng	(动)	落到感觉难以应付的境地。
23.	颤	chàn	(动)	因害怕、生气或激动、受寒等原因,身体或声音短而快地抖动。
24.	未曾	wèicéng	(副)	〈书面语〉不曾,“曾经”的否定形式。
25.	疏远	shūyuǎn	(形)	关系、感情上有距离;不亲近。
26.	憋	biē	(动)	努力压下去或堵住不让出来。
27.	伫立	zhùlì	(动)	〈书面语〉长时间地站着。
28.	挚爱	zhì'ài	(动)	真诚的、深切的爱。
29.	粗暴	cūbào	(形)	(态度、性情、脾气等)急躁,不经考虑,容易发怒。
30.	感	gǎn	(名)	客观事物的个别特性在人脑中引起的反应。
31.	磨灭	mómiè	(动)	(痕迹、印象、功绩、事实等)经过相当长一段时期逐渐消失。
32.	狂妄	kuángwàng	(形)	极端的自高自大。
33.	锋芒	fēngmáng	(名)	比喻显露出来的才干。

34. 欲望	yùwàng	（名）	想得到某种东西或想达到某种目的的要求。
35. 惊慌	jīnghuāng	（形）	因害怕而心里不沉着，动作忙乱。
36. 血脉	xuèmài	（名）	人类因生育而自然形成的关系。
37. 赖	lài	（动）	留在某处不肯走开。
38. 妥协	tuǒxié	（动）	部分或全部放弃个人意见、利益，以避免激烈争论或争斗。
39. 残酷	cánkù	（形）	凶恶狠毒，冷淡无情。
40. 沮丧	jǔsàng	（形）	灰心失望。
41. 临近	línjìn	（动）	（时间、地区）靠近；接近。
42. 团聚	tuánjù	（动）	相聚（多指亲人分别后再相聚）。
43. 搜索	sōusuǒ	（动）	仔细寻找（不容易被发现的东西）。
44. 融洽	róngqià	（形）	彼此感情好，没有抵触。
45. 掺杂	chānzá	（动）	把一种东西混合到另一种东西里去。
46. 理智	lǐzhì	（名）	辨别是非、利害关系及控制自己行为的能力。
47. 起码	qǐmǎ	（形）	最低限度。
48. 打发	dǎfa	（动）	使离去。
49. 阐发	chǎnfā	（动）	论述并充分地加以表达。
50. 夙愿	sùyuàn	（名）	从过去到现在一直怀有的愿望。

四字词语

1. 如出一辙	rú chū yì zhé	形容两件事情非常相像。
2. 饱经沧桑	bǎo jīng cāngsāng	形容经历过很多世事的变化转移。
3. 天伦之乐	tiānlún zhī lè	家人团聚的欢乐。
4. 热泪盈眶	rèlèi yíng kuàng	因高兴、感激或悲伤而眼里充满了泪水，形容非常激动。
5. 皮开肉绽	pí kāi ròu zhàn	指人因被毒打，皮肉开裂。

6. 扪心自问　ménxīn zì wèn　摸摸胸口，回想自己的思想行为，检查其中的错误。

7. 海阔天空　hǎi kuò tiān kōng　形容大自然的广阔，也比喻想象或说话毫无拘束，漫无边际。

8. 面红耳赤　miàn hóng ěr chì　形容因急躁、害羞等脸上发红的样子。

词语讲解与练习

一　词语例释

1. 不时

副词　时时，经常不断地。

◎当我、父亲、我的儿子同桌进餐，而妻子不时在厨房和餐桌间频繁往来时，没有什么比这一刻更能让人感受到人类的传承关系了。

① 尽管早上的寒风不时地刺在脸上，我还是非常激动地迎着寒冷向前冲。

② 道路两旁的银杏那枯黄的树叶不时随着风的方向，做着无规则运动。

③ 车站上站着一位慈祥的老妇人，她一边挥手，一边不时地将目光投向车里的孩子们。

④ 热情的来宾们认真地看着展品，画家们更是不时被记者或观众拉到作品前问这问那。

不确定的时间；随时。

⑤ 一般家庭药箱都应该配备一些外用药物以备不时之需。

⑥ 家长应该有意识地运用零花钱来解决孩子生活和学习中遇到的不时之需，帮助孩子树立将零钱集中起来办大事的观念。

习惯用语：不时之需（随时都有可能出现的需要）。

2. 唯独

副词　用来限定范围，意思相当于"只有"。

◎ 而唯独我，既与无知的儿子无法对话，又与饱经沧桑的父亲难以沟通，我沉默不语，处境尴尬。

① 周围的人一到星期天都欢天喜地的，唯独她早上一起床就心慌意乱的。

② 其他的事情都可以暂时放一放，唯独这件事必须抓紧时间完成。

"唯独 ＋ 名词/名词短语"，此种用法较多见。上文多有与之相对比的内容。

③ 母亲就是这样的人，心里总装着别人，唯独不考虑自己。

④ 她这个人工作态度扎实、认真，但是唯独缺少了一份激情。

"唯独 ＋ 动词短语/主谓短语"，这种用法不多见。

3. 未曾

副词　"曾经"的否定形式，同"不曾"，用于书面。

◎ 他从来未曾用这种声调叫过"爸爸"。

◎ 搜尽孩提时代的记忆，我从来未曾享受过他这般的挚爱，倒是有多次粗暴遭打的痛感至今难以磨灭。

① 在这三天里，我经历了四十年未曾经历过的事情，学到了许多书本上无法找到的知识。

② 攀登珠峰的那一刻，我的体内感到一阵未曾有过的激动：这是我有生以来做过的最伟大的事情。

③ 这个几百年来一直未曾发现的古城遗迹经当地新闻媒介披露后，立即引起了世界各国建筑专家们的极大兴趣。

"未曾 ＋ 动词短语"，后面常有"过"相呼应。

④ 即便是面对这么多朋友的反对和劝阻，他也未曾犹豫过。

⑤ 作为艺术家，出于对艺术的坚强信念和执著追求，他从来未曾懒

情过。

⑥ 人生如调味，未曾辛苦过，也就永远不会感受到真正的甜美。

"未曾 + 形容词"，后面常有"过"相呼应。

4. 起码

形容词 在动词前作状语，表示最低限度。意思基本相当于"至少"。

◎我和他相隔起码两个时代，传统的差异使我们有各自的生活、志趣、思维空间。

① 据开发商们讲，在这个"黄金"地段，每栋别墅起码值100万。

② 这种大茶馆现在已经不见了，在几十年前，每座城里最起码有一处。

③ 我真想对他说些什么，最起码应该为这次给他带来的麻烦解释一下。

④ 在全体员工的大力协作下，下个月公司的销售量起码会再翻上两倍。

用在动词前，后面常常跟有数量词。

⑤ 别人接到没接到通知我不知道，起码我没接到任何通知。

⑥ 一个人的付出是不会落空的，最起码你会得到别人的欣赏和尊敬。

用在主语前。

⑦ 为人师者，是不是最起码也要学会尊重学生的情感体验，认同其价值取向。

⑧ 当着这么多人的面，总不能一言不发吧，最最起码也要说上两句嘛。

"最（最）起码……"，强调低得不能再低，少得不能再少了，后面常有"也"字相呼应。（注意："至少"前不能再加"最（最）"）。

作定语时表示最低限度的。

⑨ 居住是现代文明社会民众最起码的生存条件。

⑩ 对患者那么和颜悦色的优秀医生，面对儿子时竟然连起码的耐心都没有。

用在名词前，前面可以再加副词"最"。

二 词语辨析

1. 呈现　显现

呈现

◎ 生命存在的价值以及更替的意义，自然也在此刻呈现出来。

① 由于水晶中含有其他金属离子，所以会呈现出各种颜色，常见的有白水晶、紫水晶、黄水晶等。

② 当古猿用前肢向上攀援时，就会呈现直立的姿势。

③ 不少市民在存款利率下调的情况下也希望置业保值，以至于对住宅需求大幅增加，使得地产业呈现出一派欣欣向荣的景象。

④ 中国的笔记本电脑市场规模将持续呈现直线上升的发展态势。

⑤ 充分利用孩子的直觉，挖掘艺术灵感，使传统幼儿美术教育呈现出一个崭新的局面。

显现

⑥ 莲花江常在一片迷蒙中，隐隐约约显现出它那一直藏于小山深处的轮廓。

⑦ 随着时间的推移，这种做法的弊端日益显现。

⑧ 人际关系的学问在当今高速发展的社会生活中已经显现出其重要的地位。

⑨ 整个地球以及地球各部分的地理和气候也是变化着的，是以若干万年为单位而显现其变化的。

⑩ 随着农民收入的持续增加和大中型城市的家电市场日趋饱和，农村家电市场消费潜力不断显现。

异同归纳		呈现	显现
同	词性	动词	
	词义	表示事物在眼前显露出来。	
异	词义侧重	着重于事物以整体或全貌一次性地显露出来。较清晰、持续时间较长。	着重于事物从无到有、从模糊到清晰逐渐变化直至显露的过程。
	感情色彩	中性词，多用于积极方面。	中性词。
	词义范围	用于具体或抽象的事物均可。	多用于具体的事物， 例⑥ 也可用于抽象事物。 例⑦⑧⑨⑩
	搭配对象	色彩、姿势、表情、气氛…… 例①② 景象、景色、意义、价值…… 例③ 态势、局面、状况、形势、场面…… 例④⑤	常与“日益、不断、逐渐”等副词连用，表示变化之意。 例⑦⑩

2. 涵养　修养

涵养

◎这家伙连我这份涵养尚且没有，更别说懂什么纲常伦理了，只会让我在一边受窘。

① 面对着无理的讽刺与挖苦，沉默才是最有涵养之举。

② 她是个有文化，有涵养，知书达理的人。

③ 俗话说“一名好校长就是一所好学校”，所办学校的特点与风格充分体现了办校人所具有的深厚涵养。

④ 儿子很有涵养地说：“我明白您的意思了，我明白您的意思了。”父亲才没有继续争辩下去。

⑤ 中国书法中所包含的隐性成就是古代读书人那种特有的涵养、气度以及坚韧不拔的顽强意志、不浮不躁的专注精神。

修养

⑥ 穿着与人的品位、个性、修养、审美取向的确是密不可分的。

⑦ 教师道德品质的修养，无时无刻不在对学生起着潜移默化的作用。

⑧ 中国人历来都把诗歌修养当作人的基本文化修养之一，自古就有诗教之说。

⑨ 当代的青年人应当自觉磨炼自我、提升自我、发展自我，提高自身修养，升华精神气质，练就一身过硬的本领。

⑩ 一个人当努力地提高了自己的经济地位之后，还应当加强道德品质修养，自觉为社会为他人着想，用行动来展现自身可贵的一面。

异同归纳		涵养	修养
同	词性	名词	
	词义	指在生活中，长期锻炼出来的、控制自己情绪的一定功夫。	
异	词义侧重	着重于主语本身所包含的、包容的态度，强调能容得下别人给自己的刺激或打击，不易在情绪上引起突然的、急剧的变化。	着重于通过学习和锻炼所具有的态度，还包括理论、知识、艺术、思想等方面达到一定的水平。强调经过长期下功夫的锻炼培养起来的。
		常用“深”来形容所达到的水平。	常用“高”来形容所达到的水平。
	搭配对象	一般不能与较为具体的事物搭配使用。	能与较具体的事物搭配使用。 可用名词作定语限定范围，定语与中心语之间不加“的”： 道德、文学、艺术、政治、军事、理论、思想……　例⑦⑧
	常用格式	有涵养　例①②④	提高修养、加强修养　例⑨⑩

3. 粗暴 粗鲁

粗暴

◎搜尽孩提时代的记忆，我从来未曾享受过他这般的挚爱，倒是有多次粗暴遭打的痛感至今难以磨灭。

① 突然，门外传来了吼叫声，其中还夹杂着粗暴的敲门声、踢门声。

② 这个性情粗暴的保安时常会与住户发生口水战、拳脚战。

③ 在球员通道内主队与客队两名脾气粗暴的球员动起了手，打得头破血流，直至赛场警察前来制止才罢手。

④ 未等他把话说完，王老板就态度粗暴地打断他："你没有这个能力，还要讲这些，等于废话!"

⑤ 在心理医生的指点下，父母们扭转了原来一味打骂、埋怨的粗暴做法，注重用理性、亲和的态度与儿子进行平等的交流沟通。

粗鲁

⑥ 他说话是极其粗鲁的，骂起人来简直没有个样子。

⑦ 一些家长自身性格暴躁、语言粗鲁、满口脏话，对思想行为还未完全成熟的学生具有极强的反面示范作用。

⑧ 社会上曾流行一句话："与你无关!"这是我不喜欢的一句话，是一句粗鲁、冷漠的话。

⑨ 廉颇见了蔺相如说："我是个粗鲁的人，见识少，气量窄。哪知道您竟这么忍让我，我实在没脸来见您。请您责打我吧。"

⑩ 嘴里大声哼着歌的少年上了车，只见他粗鲁地往座位上一坐，大幅度地摇头晃脑且摆动手脚，周围的人都摇头叹气。

异同归纳		粗暴	粗鲁
同	词性	形容词	
	词义	形容人的言行、性格急躁，缺乏教养。	
	感情色彩	贬义	
异	词义侧重	着重于形容人遇事急躁、容易发怒，不讲道理。 例①②③④⑤	着重于形容人说话做事不经考虑，不文雅，不讲文明。 例⑥⑦
	词义轻重	“粗暴”词义比“粗鲁”重。	
	搭配对象	多形容声音、性情、脾气、态度、做法…… 例①②③④⑤	多形容具体言谈、行为， 例⑧⑩ 有时也形容人的性格。 例⑨

4. 临近　邻近

临近

◎ 现在，临近春节，我又从北方到南方与家人团聚。

① 随着高考时间的逐渐临近，学生们的心绷得愈来愈紧了，过度紧张、焦虑，会严重影响学生的身心健康和学习生活。

② 随着青藏铁路开通日的临近，各旅行社纷纷推出各种“青藏铁路旅行团”。

③ 采访临近结束时，这位女歌手抚着喉咙说：“现在我最担心的就是嗓子，嗓子要是恢复不了就无法唱歌了”。

④ 高原上的野生动物都会跑到临近公路的平原上吃草，望上一眼，随处可见。

⑤ 车速极快，眨眼间，就驶到了跟前。两车临近的时候，双方都关掉了大灯，准备错车避让对方。

邻近

⑥ 有一只什么鸟在邻近的树上叫了一声，声音空空地，仿佛晚秋的风。

⑦ 一团黑黑的东西缩在邻近一米处，借助幽暗的灯光，我若隐若现地看清了，那是个小孩儿。

⑧ 这里居民的健康指标和邻近两个镇相比没什么两样，只是患心脏病的比率却是周围地区的两倍。

⑨ 这里的田园风光优美迷人，客源主要来自邻近都市，客源总量有限。

⑩ 提高当地人民的生活水平，可以增进与邻近国家边民之间的相互信任和交往，有利于边境地区的稳定和团结。

异同归纳		临近	邻近
同	词性	动词	
同	词义	位置上靠近、接近。	
异	词义轻重	强调很近。	泛指不远。 可以很近，例⑥⑦ 也可以较近。例⑧⑨⑩
异	词义范围	既可用于空间上的靠近， 又可用于时间上的接近。 课文例句、例①②③	只用于空间上的靠近。 例⑥⑦⑧⑨⑩

三 词语搭配

1. 暗示

用眼神～	～他	～一下	心理～
悄悄地～	～学生	～了一回	语言～
不停地～	～了这个意思	～许多次	自我～

2. 沟通

深入～	～两国文化	～得很好
善于～	～思想	～了几番
加强～	～大江两岸	～起……

3. 敷衍

随便～	～老师	～了几句	～了事

胡乱～	～领导	～了一下	～塞责
瞎～	～差事	～过去	～度日

4. 打发

不好～	～人去……	被人～出来
无聊地～	～时间	～过去
找借口～	～客人	～走

四 练习

（一）模仿例子组成新词

1. 沟通	____通	____通	____通	6. 无知	无____	无____	无____
2. 呈现	____现	____现	____现	7. 粗暴	粗____	粗____	粗____
3. 欲望	____望	____望	____望	8. 惊慌	惊____	惊____	惊____
4. 痛感	____感	____感	____感	9. 团聚	团____	团____	团____
5. 临近	____近	____近	____近	10. 理智	理____	理____	理____

（二）选择适当的词语填空

呈现　显现　　涵养　修养　　粗暴　粗鲁　　临近　邻近

1. 宽容是________，是理解，当别人用恶言恶语伤害你时，你不要以牙还牙。
2. 就近办学的学校，规模是根据________区域人口的数量进行设置的。
3. 这个人看起来斯斯文文，吃起饭来却那么________，就好像谁跟他抢一样。
4. 由于中小城市建设步伐加快，环境污染等城市病也逐渐________出来。
5. 随着6月份世界杯的________，市场上出现了一些以足球为主题的产品。
6. 生长在________型家庭里的孩子缺少发言权，其个性发展必然会受到抑制。
7. 由于个人生活经历和文化________的不同，对作品的看法就不能强求一致。
8. 科技新生力量的加入使得这家公司________出一片繁荣的景象。

（三）选择适当的四字词语填空

如出一辙	饱经沧桑	天伦之乐	热泪盈眶
皮开肉绽	扪心自问	海阔天空	面红耳赤

1. 老赵__________地一再对那位救助他们全家的企业家表达感激之情。
2. 由于对一篇文学作品的评价产生了分歧，两人争得__________，互不服气。
3. “黄金周”堪称旅游休闲的最佳时光，全家老少嬉戏欢笑，尽享__________。
4. 要学会包容，包括对方的优点和缺点。退一步__________，让三分风平浪静。
5. __________，你难道真没觉得多年来一成不变的生活缺少乐趣与挑战？
6. 本来应该是各具特色、各显其能的就职演讲，__________的内容，怎能显出自己的优秀呢？
7. 位于北京内城西北角的德胜门箭楼，像一位__________的老人，俯视着脚下的护城河。
8. 老鹰用爪子和嘴猛烈地攻击小鼠，使它__________、鲜血直流，直到倒地成为血肉模糊的一团。

（四）为四字词语选择适当的位置

1. 如出一辙

   企业界的历史与人类发展史 A ，新人换旧人 B 的同时 C ，也在 D 更换着新的管理模式。（　　）

2. 饱经沧桑

   这位闻名于世的国画大师黄永玉 A ，带着自己 B 的心灵画作 C 回到了北京，重新投入到他 D 的创作中去。（　　）

3. 天伦之乐

   干警们劳碌奔忙，几乎从不休息，当然就更没有 A 空闲时间 B 与家人 C 共享 D 了。（　　）

4. 热泪盈眶

   A 站在自己向往已久的舞台上，面对 B 观众们热烈的掌声和欢呼声，她挥舞着鲜花 C ，容光焕发，D 仿佛年轻了 20 岁。（　　）

5. 海阔天空

茶余饭后，公司里的每个部门都会安排同事们 A 围绕一个话题 B 地聊上一阵，各抒己见 C ，以便形成 D 广泛而有创意的点子。（　　）

6. 面红耳赤

围观人群 A 的议论声和批评声滚滚而来，B 这个人被说得 C 低下了头，只好 D 表示愿意接受罚款处罚。（　　）

（五）用指定词语完成句子

1. 观众们被台上的精彩演出所感动，____________________。（不时）
2. 参加此次活动的人员都按时到场了，____________________。（唯独）
3. 受国际数码产品销售热潮的影响，____________________。（呈现）
4. 来中国学习汉语的留学生，________________________。（沟通）
5. ____________________，场上双方队员开始了激烈的争夺。（临近）
6. ________________________，应该公平地对待每位选手。（掺杂）
7. __________________________，他才有时间安心工作。（打发）
8. ______________________，双方都妥协让步一下吧。（面红耳赤）
9. ______________________，看得出来他的心情很激动。（热泪盈眶）
10. ____________________，这是老年人感觉最幸福的事。（天伦之乐）

（六）用指定格式完成句子

1. 他很难胜任这么细致的工作，____________________。（敷衍了事）
2. 红十字会常常要举行义务献血活动，________________。（不时之需）
3. ________________，但是他的画作得到了后人的认可。（未曾……过……）
4. ____________________，他们的心情愈发紧张起来。（随着……的临近）
5. A：我从未单独处理过这样的课题，还是交给别人吧。

   B：________________________________。（最起码……）

（七）下面每句话都画出了 ABCD 四个部分，请挑出有错误的部分

1. 教育部门要通过环境保护、心理健康座谈等活动（A），来提高青少年的综合素质（B）；

并同时通过寻求自然界的无穷秘密、关爱老人等活动，让广大青少年在生活中
C
实践，参与志愿服务。 （　　）
D

2. 中央电视台举办的青年歌手大赛，让普通百姓也了解到中国的音乐和灿烂的文
A B
化，尤其是一些专家教授经典、滑稽的点评，使人既增长知识又提高文化修养，
C D
可谓人生一大享受。 （　　）

3. 目前一些中小学生热衷那些搞笑版的“名著”，而真正的原版名著他们却看不
A B
懂，新一代青年人对本国语言缺乏了解，无知本国文化，这无疑是让人担忧的。
C D
（　　）

4. 孩子拥有健康的体魄和健康的心理同等重要，好孩子应该是自信的、坚强的，
A B
如果受了一点儿挫折就沮丧、妥协困难，那绝对称不上是优秀的孩子。（　　）
C D

5. 目前大大小小的招聘似乎都有一个倾向，就是把外语当成选拔、评价人才的最
A B
起码标准，不会外语似乎就不可能成为人才，这在全社会造成了负面影响。
C D
（　　）

语法讲解与练习

一　递进复句

两个分句间为联合关系，后一分句的意思比前一分句更进一层，或者意思恰好相反。

递进复句分为一般递进复句和衬托递进复句两类。

◎……怎么人的面孔那么相像，不光说话吃饭的神态极相似，就连嘴角上转瞬即逝的笑容都如出一辙……

◎……我希望与他不仅只有感情的维系，还能有思想的沟通，在餐桌上海阔天空地对话，有面红耳赤的争辩，更有相互点头称道的阐发。

① 互联网不单是改变了我的生活，也改变了我的创作，甚至改变了我的整个世界。

② 很多人似乎还没有形成这种自觉的环保意识，更不愿意为此付出精力和财力，甚至于，有些做法还恰恰是在破坏环境。

复句的意思是从肯定方面说，强调两个分句之间的自然推进关系，后一分句提到的情况一般比前一分句期望的情况或一般的情理更好或更糟。

◎孩子与爷爷其实不常见面，有时一两个月才见一次，孩子非但不疏远，一旦见面，那一声“爷爷”倒喊得格外亲，憋足了思念之情。

③ 他三番五次要求朋友改正缺点。可是朋友不但不听，反而弄得不欢而散。

④ 对孩子过度地爱护，非但不会给孩子带来好处，而且会抹杀孩子的创造力。

⑤ 战争不但不会为人类带来任何好处，相反，它只会让人类一直地失去。

复句的意思是从否定方面说，强调两个分句之间的直接对立关系，后一分句提到的情况一般与前一分句期望的情况或一般的情理相反。

以上例句属一般递进复句。后一分句是前一分句意思的推进、深入或加重。

◎这家伙连我这份涵养尚且没有，更别说懂什么纲常伦理了，只会让我在一边受窘。

⑥ 高原上连正常走路都气喘，更不用说再背上百十斤的器材了。

⑦ 全力以赴创业尚不能保证成功，何况像你这样三心二意的呢？

⑧ 别说根本没有任何取暖设备的房间，(连)有暖气的房子也冷得没法住人。

⑨ 巴赫在那样艰难的环境下尚且能够成功，我们在如此优越的条件下，又有什么理由不去努力追求成功呢？

以上例句属衬托递进复句。前一分句是后一分句的衬托，表示前一分句既然成立，后一分句更应如此。

常用关联词

<table>
<tr><td rowspan="2">一般递进复句</td><td>推进关系</td><td>不但/非但……，而且/还/更/又/连……也……
不仅/不光/不单（是）……，而且/还/更/又/连……也……
……，况且/并且……
……，甚至/甚至于……</td></tr>
<tr><td>对立关系</td><td>不但不/非但不/不光不……，反而/相反/反倒/倒……
不但没/非但没/不光没……，反而/相反/反倒/倒……</td></tr>
<tr><td colspan="2">衬托递进复句</td><td>尚且/尚……，何况/更别说/更不要说……
连……都/也……，何况/更别说/更不要说……
别说……，即使……也……/连……也……
尚且/尚……，……（反问句）</td></tr>
</table>

二 练习

（一）选择适当的关联词填空

不光……，连……也……	非但没……，反倒……
不仅……，更……	尚且……，何况……
别说……，即使……也……	不单是……，也是……，况且……
尚……，……	不但不……，反而……，甚至于……
……甚至……	

1. 据消费者反映，送进这家修理厂的大部分车辆________修好，________损坏得更严重了。

2. 要成为一名成功的两国友好的使者，________要具备广博的文化知识，________应掌握跨文化沟通的技巧。

3. 这种由本国独立研发的产品，比起许多同类合资产品，丝毫不显逊色，________还大有所长。

4. 他们刚来中国的时候________理解中国文化了，________是流利的中文________根本没办法表达。

5. 一些家长用美味零食来哄孩子吃饭，结果孩子________想吃饭，________更倒了胃口，________造成营养不良。

6. 唐古拉山海拔高，天气变化快，路况复杂，白天翻越________得小心翼翼，连夜攀登怎么能翻过去呢？

7. 春运期间的列车上________座位上，________过道上________满满地挤着乘客。

8. 手机________最简便的上网终端，________最“平易近人”的上网工具。________，操作方便，只要一只手轻轻一按，便可轻松实现。

9. “自主创业”对具有相当资历和资本的人________不易，更________刚毕业的大学生呢？

（二）模仿例句，用指定关联词完成句子

1. ……，甚至于……

例：今年车价不会有大的下滑，甚至于部分汽车的价格还将呈现上升的趋势。

① 这个性格孤僻的孩子，不愿与人交流，甚至于________________________。

② ________________________，甚至于一些高学历人员找工作也非易事。

③ A：为了完成这部巨作，实现自己的夙愿，他简直是彻夜创作。

B：____。

2. 非但不/不但不（没）……，反而/反倒……

例：频繁地对孩子进行“虚伪”的表扬或夸奖，非但不会引起他们的重视和珍惜，反而会让他们在今后面临真正的成功时，不会有任何成就感了。

① 那名在起跑时跌倒的运动员非但没有停止，________________________。

② ________________________________，心情反而更沉重了。

③ A：受到了这么严重的挫折。他会不会就此放弃呢？

B：____。

3. 尚且……，（更）何况……

例：不懂事的小孩子尚且要为自己许下的诺言负责，何况我们这些成年人了。

① 自己的母语尚且说不好，________________。

② ________________，更何况这位老专家了。

③ A：您能用汉语为我们翻译一下这篇文章吗？

B：________________。

4. 别说……，即使……也……

例：如今的独生子女家庭，别说是让孩子独立地面对挑战，即使孩子在学习、生活中遇到再小的困难、挫折，也会让家长张皇失措、忧虑不已。

① 别说是我这样的新手，________________。

② ________________，即使是外行也看得出来。

③ A：您来北京已经五年了，能告诉我北京有多少条胡同吗？

B：________________。

（三）按逻辑关系排列顺序

1. A. 常常会影响青年人的情绪和心志

B. 甚至于阻碍他们整个人生的进步

C. 精神和生活的过度紧张

D. 进而使他们对本来能轻松应对的事情没有信心 ________

2. A. 内陆尚且如此

B. 城市缺少水就缺乏了灵气

C. 西安虽然是内陆城市

D. 何况地处南方的水乡呢

E. 盛唐之时也是八水绕长安 ________

3. A. 面对如此突然的事件
   B. 更别说心理尚未成熟的孩子了
   C. 况且又是这么紧急的时刻
   D. 就连成年人也难以及时应变
   E. 能够保住自己的生命已经难为这个小不点儿了 ________________

4. A. 都不会得到父母的共鸣
   B. 父母的责骂会使子女产生错觉
   C. 不光不会认识到自己的问题所在
   D. 进而对父母的谈话产生恐惧
   E. 反而还会觉得自己对事物的任何想法
   F. 甚至是厌烦心理 ________________

5. A. 在现代的家庭生活中
   B. 而失去自我的心智和自由的思想
   C. 并进而形成尊老爱幼的社会风尚
   D. “恭孝”并不是指子女一味地顺从
   E. 相反是更加平等互爱
   F. 形成一种浓浓的家庭亲情
   G. 非但不是建立在压抑个性基础上的恭顺 ________________

修辞提示与练习

一 对比

在汉语中，为了使自己论述的对象特点更加明晰、突出，使说明的问题更清楚、全面，从而使作者的态度表露鲜明、情感表达强烈，使读者印象深刻、了解深入，写作时常常会使用一种把不同事物或同一事物的不同方面加以比较的方法，这种修辞手法就是对比。

◎ 祖孙三代同桌进餐的时候，儿子显得特别兴奋……而唯独我，既与无知的儿子无法对话，又与饱经沧桑的父亲难以沟通……

◎祖先的血性没在我的躯体内体现，而在他身上回归。

◎那一种哀感，在南方是不大感觉得到的。所以我说，北平的秋，才是真正的秋；南方的秋天，不过是小春天气而已。

① 乐观者在每次危难中都看到了机会，而悲观者在每个机会中都看到了危难。

② 用图画来比方，对称的建筑是图案画，不是美术画，而园林是美术画，美术画要求自然之趣，是不讲究对称的。

③ 独处让我感到宁静与充实，闲聊则让我感到喧嚣与空虚。

④ 有的人活着，但是他已经死了；有的人死了，但是他还活着。

⑤ 文学陪伴我走过数千年，消沉时给我安慰，迷乱时给我清醒；而电视是新朋友，虽生龙活虎，却让我感到吵嚷和骚动，失去了那份从容与自在。

以上例句，是把两种不同的事物进行对比。

⑥ 餐馆里吵，来的客人就跟着拉大喉咙喊，变得更吵；餐馆里安静，大家也就尊重这份安静，都轻声细语。

⑦（天空）刚才还是白云朵朵，晴空万里，刹那间却又乌云密布，大雨倾盆。

⑧ 碰到这种事，从眼前来看，的确是很遗憾；而从长远来看，却不能不说是一种幸运。

⑨ 表面上看她是一个弱女子，孤零零的一个人，而实际上她也是一个意志坚强、具有高尚理想的人。

⑩ 他聊起家常来，木讷呆板；谈起学术，却思维敏捷，口若悬河。

以上例句，是把同种事物的两个不同方面进行对比。

常用连接词

	连接词
转折关系	而　却
并列关系	则

注意

除连接词外，采用对比手法的句式除了在形式上常常表现为用分号（；）隔开，而且前后分句的格式一般也较为整齐。

二 练习

(一)分析各句的对比类型，指出对比的对象

1. 现在的家庭在城市化过程中面对的压力是很激烈的，而一些贫困家庭与外来务工人员家庭却感受不到这些。

______

______

2. 如果使用得当，网络便能给人们的生活带来效率与快乐；一旦使用不当，网络则会给人们自身带去消极影响、甚至危险。

______

______

3. 上一代赞成维持传统的形式，处事谨慎、冷静，认为做事应有原则，稳扎稳打，不接受新花样；下一代则喜欢冒险性的活动，敢做敢为，认为个人应按自己的意见行事，不必顾及别人的看法，不应有太多拘束。

______

______

(二)对比的修辞方法在谚语中也广泛应用，分析下列谚语，指出对比对象

① 人老心不老。

______

② 百闻不如一见。

______

③ 水能载舟，亦能覆舟。

______

④ 智者千虑，必有一失；愚者千虑，必有一得。

______

⑤ 一个和尚挑水喝，两个和尚抬水喝，三个和尚没水喝。

______

（三）根据提示问题完成对比句

1. 你和你的上一代人有什么不同？

2. 年轻人和老年人有什么不同？

3. 中国家庭的父子关系和你们国家的有什么不同？

4. 你们国家当代的家庭关系和传统的有什么不同？

5. 学习了课文，你的想法和作者有什么不同？

表达与写作

● 表达训练

1. 谈谈你对中国传统父子关系的认识。
2. 谈谈当代中国家庭代际关系发生的变化及其原因。
3. 试说明一下你们国家父子关系的情况及面临的问题。
4. 谈谈你们国家家庭代际关系在社会变迁中发生的变化及其原因。
5. 你理想中的家庭代际关系是什么样的呢？应当怎样去实现呢？

● 写作训练

试从以下选题中任选其一作文，题目自拟。

字数：不少于300字；要求：尽量参考并尝试使用课文里的重点词语。

第一题

讲述一下你所亲身经历或感受到的亲情故事。

第二题

幸福的家是美好希望的寄托，是力量的源泉，是安全的避风港。

谈谈你心目中理想的家庭关系。

扩展空间

名家典藏

《我们怎样做父亲?》鲁迅

《多年父子成兄弟》汪曾祺

《两代人的冲突》施承孙

《四世同堂》老舍

媒体资源

http：//news. eastday. com（东方新闻网）

http：//www. cnfamily. com（家庭期刊网）

《那山那人那狗》（DVD） 潇湘电影制片厂音像出版社出版发行

《洗澡》（DVD） 北京电视艺术中心音像出版社出版发行

词语追踪

代沟 代际 代际关系 代际距离 啃老族

3 国色天香

背景阅读与练习

一 限时阅读，按要求回答问题

限时：5 分钟

花是美的象征。作为大自然的产物，它集形、色、香于一体，以其无限的生机博得了人们的青睐。自古以来，观赏性一直是花木最主要的价值。

中国人在花木观赏活动中，有着别具一格的感悟方式。在传统上，中国人把握世界的习惯方法多采用心灵直觉体验外物法，这一与理性、功用相反的重直观、重悟性的倾向，与艺术的本质要求不谋而合，构成了不同于西方的文化感情和特色。因此在这个意义上，中国文化被认为是一种哲学与艺术融会贯通的审美型文化。

古人正是受中国本土精神的影响，在潜意识深处并不把花木当作外在的自然物看待，而是把它们看作与自己一般无二的有生命的活物。认为天地间的生物：人、禽兽、花木，都是天地的产物，区别不过在于“人顺生，草木倒生，禽兽横生”而已。人虽为万物中最有灵气者，但与其他生命相比只是等级上的差异，他们甚至怀疑，花木是否与人一样，也有感受、有意识？这一东方式的思维长久以来激发着人们对花木生命力的想象，并将人的感情带进花木的世界，赋予花木以人格的内涵。在这里，儒家精神便得到了发扬。把处理人际关系的仁心爱意推广至人以外的世界，山川、名胜、动物、植物及至世间万事万物，皆可笼罩在仁爱的关照之中了。我性通物性，物我化为一。怀着这样的理念，古人待花犹如待人，他们兴之所

至，接花为客（如视牡丹、梅花、兰花等为“花中三十客”），拜花木为友（如称松、竹、梅为“岁寒三友”），尊花为师（如尊牡丹、兰花、梅花、菊花、桂花等为“花中十二师”），甚至为花封王封相（如封牡丹为“花中之王”）。他们惜花如惜佳人，认为花可亲近但不可亵渎（xièdú　态度轻慢，不尊敬），可观赏但不可攀折，他们像为人一样为百花过生日，号为花朝节（如洛阳定于农历二月初二，开封、苏杭定于二月十二，成都定于二月十五）。他们相信花似人一般抱有伦常、品行，如冷傲坚贞，见于梅；独行雅静，见于兰；清正纯洁，见于莲；隐逸孤独，见于菊……这类拟人为花，看花如人，花中有我，我中有花，人花不分，物我两忘的例子，真是俯拾即是，不可计数。人花之间何以会形成如此密切的亲情般的关系，确实只能从中国特有的民族文化心态中寻找其必然的答案了。

松

竹

梅

判断正误（正确的画“√”，错误的画“×”）

1. 中国自古以来一直是把观赏性作为花草树木唯一的价值。（　　）
2. 中国文化被认为是一种融合了哲学与艺术的审美型文化。（　　）
3. 中国古人认为人、动物、植物都是天地的产物，没有等级上的区别。（　　）
4. 古时中国人觉得花木不可能与人一样，也有感受、有意识。（　　）
5. 中国人关注自然界的思维方式，体现了儒家仁爱的思想。（　　）
6. 中国人甚至像对待人一样给花过生日，名叫“花朝节”。（　　）

选择正确答案

1. 文中“青睐”的意思是：（　　）

A. 被注意到　　B. 受到喜爱和重视

C. 被看到　　D. 受到欢迎

2. 古时中国人把握世界的传统方法是：（　　）

A. 理性分析　　B. 心灵的直观感受

C. 实际应用　　D. 事物的间接印象

3. 文中“不谋而合”是说明：（　　）

A. 古时中国人把握世界的习惯方法与艺术审美要求不符

B. 古时中国人把握世界的习惯方法与艺术审美要求完全不同

C. 古时中国人把握世界的习惯方法与艺术审美方法大体相同

D. 古时中国人把握世界的习惯方法与艺术审美方法不完全相同

4. 以下不属于对中国古时赏花观木活动特点的描述是：（　　）

A. 受哲学精神的影响　　B. 包含了儒家思想的精华

C. 把它们看作是有生命的　　D. 重视自己的理性思考

5. 中国人没有把花看成是：（　　）

A. 军师　　B. 朋友

C. 客人　　D. 帝王将相

6. 文中“俯拾即是”是指：（　　）

A. 在中国，人花合一的例子不太容易找到

B. 在中国，人花合一的例子必须弯腰仔细寻找才找得到

C. 在中国，人花合一的例子有很多，到处都是

D. 在中国，人花合一的例子是经过弯腰仔细寻找才找到的

简单概括中国人在花木观赏活动中别具一格的感悟方式。（不超过 25 个字）

二　阅读后按逻辑关系排列顺序

A. 武则天一怒之下下令把牡丹逐出京城，贬到洛阳去。谁知，这些牡丹到了洛阳，随便埋入土中，马上就长出绿叶，开出的花朵硕大饱满。

B. 牡丹，又名“焦骨牡丹”，其来历广为人知。传说武则天称帝后，一时兴起，冬季下诏，令百花任凭天寒地冻，也要齐放。一夜之间，众花皆顶风冒雪、绽开花蕊，唯独牡丹不从。

C. 牡丹花就这样获得了“焦骨牡丹”的称号，并因其不畏强权的凛然正气和高贵品质获得“花中之王”的美誉，从此在洛阳生根开花，名甲天下，延续至今。

D. 武则天闻讯，派人即刻赶至洛阳，将牡丹花全部烧死。大火映红天边，人们惊奇地发现，牡丹虽枝干已焦黑，但那盛开的花朵却更加夺目，犹如重生的火凤凰一般。

重新排序_______________________

三 阅读后按要求回答问题

花的人格化

兰

梅

莲

菊

中国人在花木中看到了君子，也看到了小人，这不仅仅是人性自我在对象身上的投影。因为，古人同时认为，花木本身是存在着品质高低之分的。

兰花由于它奇香扑鼻，人称“香祖”“王者香”“天下第一香”，又由于它生长在穷乡僻野，不与百花群芳争宠、不求在世上居于很高的地位，不在乎别人是否知道它，这种品质，历来受到世人的重视。古人不把香浓如茉莉、栀（zhī）子等花木比为君子，也不会把美艳如桃花、杏花称作君子，因为在他们看来，这些花木天然缺乏君子所具备的美德，是不足以冠以君子之名的。

正如对兰花一样，中国古人对梅花也是珍爱有加。每年它凌寒傲雪，先众花而开，可谓特立独行、英勇无畏，给人们留下了深刻的印象。人们还特别推崇它那盘曲的虬（qiú　弯曲）枝老干，认为在雪影冰姿中充分显示了它那高洁的本色。

莲花、菊花也自有其洁身自好、高雅俊逸的风姿和神韵，这些特点使它们获得了人们的一致称赞。君子之名，在古人看来，正适合它们呀。

在古人看来，“君子之名”适合哪些花木？为什么？（不超过50个字）

课　文

课文导读

牡丹一直以其高贵、典雅、大方为人们所赞颂，而洛阳牡丹又堪称其中之精品。本文作者前往洛阳看牡丹，天冷牡丹未开，本是扫兴之事，但作者反题正作，没有像众多描写牡丹的作品那样一味赞美牡丹的雍容华贵、绚丽多姿，而是以洛阳牡丹拒绝开放为描述的起点和重点，赞美了牡丹的个性、品位，以其细腻的笔触、真实的感受为我们描绘了牡丹的气质。

思考题

1. 你是否亲身经历过花会，尤其是牡丹花会的盛况？
2. 你是否观察过牡丹花盛开和凋谢的姿态？
3. 你是否收集过介绍牡丹的资料，尤其是有关牡丹历史的传说故事？

牡丹的拒绝

张抗抗

它被世人所期待、所仰慕、所赞誉，是由于它的美。它美得雍容华贵，美得绚丽娇艳，美得惊世骇俗。它的美是早已被世人所确定、所公认了的。它的美不惧怕争议和挑战。

有多少人没有欣赏过牡丹呢？却偏偏要坐上汽车、火车、飞机、轮船，千里万里跋山涉水，天南海北不约而同，揣着渴望与翘盼①的心，滚滚黄河般地涌进洛阳城。

牡丹亭

欧阳修曾有诗云：洛阳地脉②花最重，牡丹尤为天下奇。传说中的牡丹，是被武则天一怒之下赶出京城，贬去洛阳的。却不料洛阳的水土最适合牡丹的生长。于是洛阳人种牡丹蔚然成风，渐盛于唐，极盛于宋。每年阳历四月中旬春色融融的日子，街巷园林千株万株牡丹竞放，花团锦簇香云缭绕——好一座五彩缤纷的牡丹城。所以看牡丹是一定要到洛阳去看的。假如没有看过洛阳的牡丹便不算看过牡丹。况且洛阳牡丹还有那么点儿来历，它因被贬而增值而名声大噪③，是否因此勾起人的好奇也不一定。

这一年已是洛阳的第九届牡丹花会。这一年的春来得很迟。连日浓云阴雨，四月的洛阳城冷风嗖嗖④。街上挤满了从很远很远的地方赶来的看花人。看花人踩着年年应准的花期。明明是梧桐发叶，柳枝滴翠，桃花梨花姹紫嫣红，海棠更已落英⑤缤纷——可洛阳人却说春尚不曾到来；看花人说，牡丹城好安静。

一个又冷又静的洛阳，让你觉得有什么地方不对劲儿。你悄悄闭上眼睛不忍寻觅。你深呼吸怀揣着最后的侥幸，姗姗⑥步入王城公园，愿牡丹接受这提前的瞻仰。然而，枝繁叶茂的满园绿色，却仅有零零落落的几处浅红、几点粉白。一丛丛半人高的牡丹植株之上，千头万头硕大饱满的牡丹花苞，个个形同仙桃，却是朱唇紧闭，洁齿轻咬，薄薄的花瓣层层相裹，透出一副傲慢的冷色，绝无开花的意思。偌大⑦的一个牡丹王国，竟然是一片暗淡凄凉的灰绿……

一丝苍白的阳光伸出手竭力抚弄着它，它却木然呆立，无动于衷。

---

① 翘盼（qiáopàn）：抬起头来盼望，形容盼望的心情深厚而急切。
② 地脉：迷信的人讲风水所说的地形好坏。
③ 噪：（名声）广为传扬。
④ 嗖嗖（sōusōu）：形容很快通过的声音。
⑤ 落英：〈书面语〉落下的花。
⑥ 姗姗（shānshān）：形容走路缓慢从容的姿态。
⑦ 偌大（ruòdà）：这么大；那么大（多见于早期白话）。

惊愕伴随着失望和疑虑——你不知道牡丹为什么要拒绝，拒绝本该属于它的荣誉和赞颂？

于是看花人说这个洛阳牡丹真是徒有虚名；于是洛阳人摇头说其实洛阳牡丹从未如今年这样失约，这个春实在太冷，寒流①接着寒流怎么能怪牡丹？当年武则天皇帝令百花连夜速发以待她明朝游玩观赏，百花因害怕皇威而纷纷开放，唯独牡丹不从，宁可发配②洛阳。如今怎么就能让牡丹轻易改了性子？

于是你面对绿色的牡丹园，只能竭尽你想象的空间。想象它在阳光与温暖中火热的激情；想象它在春晖里的辉煌与灿烂——牡丹开花时犹如解冻的大江，一夜间千朵万朵纵情怒放，排山倒海惊天动地。那般恣意那般宏大，那般壮丽那般浩荡。它积蓄了整整一年的精气，都在这短短几天中轰轰烈烈地迸发出来。它不开则已，一开则尽其所有挥洒净尽，一定要开得倾国倾城，国色天香。

你也许在梦中曾亲吻过那些赤橙黄绿青蓝紫的花瓣，而此刻你只能在想象中创造姚黄、魏紫、豆绿、墨撒金、白雪塔、铜雀春、锦帐芙蓉、烟绒紫、首案红、火炼金丹……想象花开时节洛阳城上空被牡丹映照的五彩祥云；想象微风夜露中颤动的牡丹花香；想象被花气沾染的树和房屋；想象洛阳城延续了一千多年的“花开花落二十日，满城人人皆若狂”之盛况。想象给你失望的纪念，给你来年的安慰与希望。牡丹为自己营造了神秘与完美——恰恰在没有牡丹的日子里，你探访了牡丹的个性。

花王——姚黄

其实，你在很久以前并不喜欢牡丹。因为它总被人作为富贵的象征加以膜拜③。后来你目睹了一次牡丹的落花，你相信所有的人都会为之感动：一阵清风徐徐吹来，娇艳鲜嫩的盛期牡丹忽然整朵整朵地坠落，铺散一地绚丽的花瓣。那花瓣落地时依然鲜艳夺目，如同一只被奉上祭坛的大鸟脱落的羽毛，低吟着壮烈的悲歌离去。牡丹没有花谢花败之时，要么烁④于枝头，要么归于泥土，它跨越枯萎和衰老，由青春而死亡，由美丽而消无。它虽美却不吝惜生命，即使告别也要留给人们最后一次惊心动魄的体味。

① 寒流：指寒潮。从寒冷地带向中、低纬度地区侵袭的冷空气，寒潮过境时气温显著下降。
② 发配：指充军，古代的一种流刑，把罪犯押到边远地方当兵或服兵役（多见于早期白话）。
③ 膜拜（móbài）：跪在地上举两手虔诚地行礼。
④ 烁（shuò）：光亮的样子。

所以在这阴冷的四月里，奇迹不会发生。任凭游人扫兴和诅咒①，牡丹依然安之若素。它不苟且、不俯就、不妥协、不媚俗，它遵循自己的花期自己的规律，它有权利为自己选择每年一度的盛大节日。它为什么不能拒绝寒冷?!

天南海北的看花人，依然络绎不绝地涌入洛阳城。人们不会因牡丹的拒绝而拒绝它的美。倘若它再被贬谪②十次，也许它就会繁衍出十个洛阳牡丹城。

于是你在无言的遗憾中感悟到，富贵与高贵只是一字之差。同人一样，花儿也是有灵性、有品位之高低的。品位这东西，为气为魂③，为筋骨，为神韵，只可意会。你叹服牡丹卓尔不群之姿，方④知“品位”是多么容易被世人忽略或漠视的美。

（有删改）

思考与回答

1. 世人所公认的是牡丹哪些方面的特点呢?

   雍容　　绚丽　　惊世骇俗

2. 概括描述作家所见到的洛阳花会的景象。

   零零落落　　硕大　　饱满　　傲慢　　凄凉

3. 作家因何转变了对牡丹的看法?

   徐徐　　脱落　　壮烈　　惊心动魄

4. 你怎样理解 “富贵与高贵只是一字之差” 这句话?

   灵性　　品位　　高低　　卓尔不群

5. 本文题为 《牡丹的拒绝》，牡丹拒绝的是什么?

---

① 诅咒（zǔzhòu）：原指祈祷鬼神加祸于所恨的人，今指咒骂。

② 贬谪（biǎnzhé）：封建时代指官吏降职，被派到远离京城的地方。

③ 魂：泛指事物的人格化精神。

④ 方：表示时间或条件关系，跟“才”相同而语气稍重。

张抗抗，女，1950年生于浙江杭州。黑龙江省作家协会副主席，发表小说、散文近500万字，出版有《张抗抗自选集》5卷。许多作品被翻译介绍到海外。相比于其他女作家，她的作品包含着更多的理性思考。她不被感觉和情绪所左右，而是以一个智者的清醒有意识地将作品当作思考的载体，作品深邃而独到。

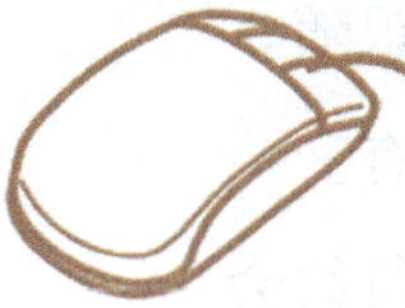

背景链接

词语

1.	期待	qīdài	（动）	期望；等待。
2.	绚丽	xuànlì	（形）	灿烂美丽。
3.	公认	gōngrèn	（动）	大家一致认为。
4.	争议	zhēngyì	（动）	争论。
5.	挑战	tiǎo zhàn		鼓动对方跟自己竞赛。
6.	缭绕	liáorào	（动）	云雾、声音等回环、缠绕、旋转。
7.	缤纷	bīnfēn	（形）	〈书面语〉（种类）繁多，丰富，不整齐，没有秩序。
8.	来历	láilì	（名）	人或事物的历史或背景。
9.	名声	míngshēng	（名）	在社会上流传的评价。
10.	尚	shàng	（副）	〈书面语〉还。
11.	到来	dàolái	（动）	来到，来临（多用于事物）。
12.	侥幸	jiǎoxìng	（形）	由于偶然的原因而得到成功或免去灾害。
13.	瞻仰	zhānyǎng	（动）	恭敬地看。
14.	硕大	shuòdà	（形）	非常大，巨大。

15.	饱满	bǎomǎn	(形)	丰满。
16.	副	fù	(量)	用于面部表情。
17.	傲慢	àomàn	(形)	轻视别人，对人没有礼貌。
18.	王国	wángguó	(名)	比喻某种特色或事物占主导地位的领域。
19.	惊愕	jīng'è	(动)	〈书面语〉吃惊而发愣。
20.	伴随	bànsuí	(动)	随同，跟随。
21.	从未	cóng wèi		从来没有。
22.	失约	shī yuē		没有履行约会。
23.	连夜	liányè	(副)	当天夜里（就做）。
24.	性子	xìngzi	(名)	性情，脾气。
25.	竭尽	jiéjìn	(动)	〈书面语〉用尽（力量）。
26.	激情	jīqíng	(名)	强烈的、具有爆发性的情感，如狂喜、愤怒等。
27.	辉煌	huīhuáng	(形)	光彩夺目，光辉灿烂。
28.	犹如	yóurú	(动)	如同。
29.	恣意	zìyì	(副)	任意；任性。
30.	宏大	hóngdà	(形)	（规模、气魄等）巨大。
31.	浩荡	hàodàng	(形)	水势大，泛指广阔或壮大。
32.	积蓄	jīxù	(动)	逐渐聚集、储存。
33.	整整	zhěngzhěng	(副)	达到一个整数的。
34.	迸发	bèngfā	(动)	由内而外地突然发出。
35.	延续	yánxù	(动)	照原来的样子继续下去；延长下去。
36.	皆	jiē	(副)	〈书面语〉都；都是。
37.	来年	láinián	(名)	明年。
38.	徐徐	xúxú	(副)	〈书面语〉慢慢地。
39.	脱落	tuōluò	(动)	（附着的东西）掉下。
40.	枯萎	kūwěi	(形)	干枯萎缩。
41.	衰老	shuāilǎo	(形)	年老精力衰弱。

42. 吝惜	lìnxī	(动)	过分爱惜，舍不得拿出（自己的东西或力量）。
43. 任凭	rènpíng	(动)	让别人愿意怎样就怎样。
44. 苟且	gǒuqiě	(形)	只顾眼前，只要勉强过得下去就这样过下去。
45. 俯就	fǔjiù	(动)	〈书面语〉将就；勉强自己适应不很满意的事物或环境。
46. 媚俗	mèisú	(动)	讨好、迎合世俗。
47. 一度	yí dù	(数量)	一次；一阵。
48. 盛大	shèngdà	(形)	（集体活动）规模大，仪式隆重。
49. 繁衍	fányǎn	(动)	逐渐增多或增广。
50. 高贵	gāoguì	(形)	达到高度道德水平的。
51. 忽略	hūlüè	(动)	没有注意到。

四字词语

1. 惊世骇俗	jīng shì hài sú	因言行不同于平常的情况而使人震惊。
2. 跋山涉水	bá shān shè shuǐ	翻过山岭，越过河水，形容旅途艰苦。
3. 不约而同	bù yuē ér tóng	没有事先商量而彼此的认识看法或行动一致。
4. 蔚然成风	wèirán chéng fēng	形容一种事物逐渐发展、盛行，形成风气。
5. 无动于衷	wú dòng yú zhōng	心里一点儿不受感动，一点儿不动心。
6. 徒有虚名	tú yǒu xū míng	空有某种名声，指名不符实。
7. 轰轰烈烈	hōnghōnglièliè	形容人或物表现出的力量或气派雄伟，声势浩大。
8. 倾国倾城	qīng guó qīng chéng	形容女子容貌很美。
9. 国色天香	guó sè tiān xiāng	原是赞美牡丹的话，后来用来称美女。也说“天香国色”。
10. 惊心动魄	jīng xīn dòng pò	形容使人感受很深，震动很大。

11. 安之若素	ān zhī ruò sù	（遇到不顺利的情况或反常的现象）像平常一样对待，毫不在意。
12. 络绎不绝	luòyì bù jué	（人、马、车、船等）前后相接，连续不断。
13. 卓尔不群	zhuó'ěr bù qún	非常优秀，超出常人。

专有名词

1. 黄河	Huáng Hé	中国第二大河，发源于青海省。
2. 洛阳	Luòyáng	中国城市名，位于河南省。
3. 欧阳修	Ōuyáng Xiū	北宋学者、作家、官员，为唐宋八大家之一。
4. 武则天	Wǔ Zétiān	中国历史上唯一的女皇帝。唐代女政治家，善于权术。
5. 唐	Táng	中国朝代名。公元 618 – 907 年。
6. 宋	Sòng	中国朝代名。公元 960 – 1279 年。
7. 姚黄	Yáohuáng	牡丹的一个品种，呈淡黄色，古人誉之“花王”。
8. 魏紫	Wèizǐ	牡丹的一个品种，呈紫色，誉为牡丹的“后”。
9. 豆绿	Dòulǜ	牡丹的一个品种，呈黄绿色，为世间稀有名贵品种。
10. 墨撒金	Mòsǎjīn	牡丹的一个品种，呈黑紫色，长势较弱。
11. 白雪塔	Báixuětǎ	牡丹的一个品种，呈白色。
12. 铜雀春	Tóngquèchūn	牡丹的一个品种，呈银红色。
13. 锦帐芙蓉	Jǐnzhàngfúróng	牡丹的一个品种，呈粉红色。
14. 烟绒紫	Yānróngzǐ	牡丹的一个品种，呈黑色。
15. 首案红	Shǒu'ànhóng	牡丹的一个品种，呈深紫红色。
16. 火炼金丹	Huǒliànjīndān	牡丹的一个品种，呈红色。

词语讲解与练习

一 词语例释

1. 尚

副词 意思相当于“还”。用于书面。

◎……可洛阳人却说春尚不曾到来；看花人说，牡丹城好安静。

① 事情还没接近尾声，结果尚难预料。

② 该城市的建设目前正处于起步阶段，现在就决定在此建立国际性会议中心为时尚早。

表示状态行为持续存在或进行。多修饰短语中的单音节词。习惯用语：为时尚早（从时间上来看还早）。

③ 近日来，这个由新人组成的球队在各场比赛中都表现尚佳。

④ 老人家的想法很简单，只要身体尚可，就一定要为中国的汽车工业出谋划策、摇旗呐喊。

“尚＋单音节形容词”，表示大体上还能使人满意，说得过去。

⑤ 暑假时去张家界，一路风光秀丽，景观奇异，尚不失为消暑纳凉、探索发现之旅。

⑥ 父亲蹒跚地走到铁道边，慢慢探身下去，尚不大难。可是要爬上月台，就不容易了。

“尚 ＋ 短语”，多为否定形式。

⑦ 如果你是初来乍到，犯下这种幼稚的错误，尚可以原谅。可是你已经是我们公司的老职员了。

⑧ 从当前情况看，各景点的门票收入尚足以支撑景点的维护和建设工作，但是，最关键的不在于提高门票收入，而在于增强景区的游客人气。

肯定形式多和能愿动词连用。

2. 皆

副词 表示总括，全部、都……、都是。用于书面。

◎ ……想象洛阳城延续了一千多年的“花开花落二十日，满城人人皆若狂”之盛况。

① 西藏地区生态系统十分脆弱，不经意的侵犯就有可能使之受到永久的伤害，稍有不慎就全盘皆输。

② 今年白色很流行，工装裤、衬衫等男士们熟悉的单品皆用白色重新表现，很适合那些相貌斯文的年轻人。

③ 有关住宿折扣、当地交通，以及所有景点的交通费，回程火车票优惠等方面的消息，游客中心及旅行社皆会提供详细资料。

皆 + 动词/动词短语

④ 这种流线式造型，勾勒出建筑物的沉稳气势与动静皆美的矫健身姿。

⑤ 尽管并不是所有的经验都是放之四海而皆准的真理，但是，我们都可以从中找到值得遵循的规律。

皆 + 形容词

⑥ 四海皆兄弟，五洲皆朋友。

⑦ 在历朝儒家思想的影响下，“万般皆下品，唯有读书高”的思想在人们的头脑中根深蒂固。

皆 + 名词

⑧ 旧时的北京前门外大栅栏，富商大户林立，银行、银号、钱庄比比皆是。

⑨ 在当前的消费心理下，“分期付款”无形中给银行、商家及消费者带来皆大欢喜的局面。

⑩ 此事已经尽人皆知了，只有你一个人还蒙在鼓里，一点儿也不知道。

习惯用语：比比皆是（到处都是）、皆大欢喜（大家都很满意，都很高兴）、尽人皆知（人人都知道）。

3. 任凭

动词 同动词“任”，表示放任、听凭，多用于口语。

◎ 任凭游人扫兴和诅咒，牡丹依然安之若素。

① 诗歌是一片浮云，它是没有边际的，它可以任凭人们自己去想象。

② 一定要在气势上压住对手，如果任凭对手自如发挥，我们很有可能成为失败者。

③ 一切美好的都在青春的溪流中沉淀，固结成岩，任凭岁月流逝，却依然鲜活地刻在记忆深处，永难磨灭。

任凭 + 名词/名词短语

连词 同连词“任”。

④ 蒙古的战马见到这等庞然大物更是任凭怎么鞭打也不上前。

⑤ 任凭老板如何使劲拉、使劲喊，浑身酒气的中年男子就是赖在地上不起来，无奈老板只好报了警。

⑥ 当再次找到该店老板，老板便变热情为冷漠，任凭老张怎么说也不行，无奈之下老张只好投诉到消费者协会。

相当于“不管”“无论”。

⑦ 任凭孙悟空逃到天涯海角，也逃不出如来佛的手掌心。

⑧ 任凭你是铁石心肠，此时也会被感动得热泪盈眶、泣不成声。

⑨ 当风暴来临之际，他们就把准备好的沙袋全部放到树上或堆在树根周围。这样一来，任凭再强烈的风暴，树木也不会被折断，更不会连根拔起。

相当于“即使”“尽管”。

4. 一度

数量词 一次；一阵。

◎ 它不苟且、不俯就、不妥协、不媚俗，它遵循自己的花期自己的规律，它有权利为自己选择每年一度的盛大节日。

① 四年一度的世界杯引爆了全球足球爱好者的热情，即使不是球迷，在这样热烈的气氛下也会偶尔观看几场比赛。

② 这家2001年开业，中途被强令停业，命运几度波折的公司，今年终于迎来了新的转机。

③ 离开了祖国50余年的王先生，本月首度返华和亲人、朋友团聚。

活用数词“一”，可以说“几度”“数度”“两度”“首度”。

副词 表示过去发生过，有过一次。

④ 暴风雨引发的泥石流造成山区公路的交通一度瘫痪。

⑤ 据朋友说，他曾一度想出版这部书稿，但终因没有资金，只好放弃了。

⑥ 老刘曾经一度经历过人生的大喜大悲，从前的所有怪脾气和倔性子都或多或少地隐藏了起来。

“一度 + 动词/动词短语”，此种用法比较多见。

二 词语辨析

1. 期待　等待

期待

◎ 它被世人所期待、所仰慕、所赞誉，是由于它的美。

① 太阳的暑热已传达出假期到达的信号，孩子们以兴奋的心情期待一个漫长假期的到来。

② 其实点球有没有并不重要，关键是队员发挥出了正常水平，球队也获得了期待中的胜利。

③ 期待是一种美好的情感。花木期待春天，江河期待大海，游子期待还乡。

④ 如果期待着自己的孩子将来能长成大树，那么，现在就要学会放开他们的手脚，适时地给以阳光、空气、水和养料。

⑤ 我们也可以期待，期待一个更文明、更理性、更开阔、更体贴细致的北京优雅而从容地走进国际社区。

等待

⑥ 目前，许多电话公司都可以提供呼叫等待功能。

⑦ 脚下的战马依偎着他、仰望着他，随时等待主人的呼唤。

⑧ 野生动物学家长年驻扎野外，等待着拍摄野生动物的最佳时机和季节。

⑨ 从她坦然的神情上看，她不像是等待死亡，倒像是等人来迎娶的新娘。

⑩ 经过漫长的15年的等待，中国入世谈判终于画上了圆满的句号。

异同归纳

		期待	等待
同	词性	动词	
	词义	表示不采取行动，直到所期望的人、事物或情况出现。	
	语体风格	多用于书面。	
异	词义侧重	着重于期望、盼望，抱着期望的心情等待。 例①②	着重于等候到来，不采取任何主动行动。 例⑥
	词义范围	使用范围较窄。 主要是期待人的某种行为活动或某种事物、情况的出现； 例③ 有时可以是人。 例④	使用范围广。 可以是等待具体的人、物及其活动，或是事物和情况出现； 例⑦ 还可以是抽象的事物，如时机、机会等。 例⑧
	感情色彩	多是期望发生的事情、到来的情况或出现的事物。 例③	可以是期望的，也可以不是期望的，如死亡、处分、批评等。 例⑨
	句法功能	一般不带表示处所的状语和表示具体时段的补语。宾语多是动词短语，有时是名词及其短语。 例⑤	可带表示具体处所的状语和表示具体时段的补语或定语。 例⑩

2. 积蓄　积累

积蓄

◎ 它积蓄了整整一年的精气，都在这短短几天中轰轰烈烈地迸发出来。

① 每天他都把自己的零用钱积蓄起来，准备母亲节的时候为妈妈买礼物。

② 在黑暗中，他的思绪在时间与空间中展开，他思索着，积蓄着能量。

③ “工作不是为了饭碗”——正是这种理性和良知所推动的责任心，积蓄了影响一个民族未来的精神力量。

④ 她胸中积蓄的痛苦和哀怨太多了，一刹那间，都随着泪水滔滔地涌出。

⑤ 她用工作多年的积蓄付了首付，在上海东北一个安静的角落购置了一套一居室。

积累

⑥ 我们应该把更多的时间放在平时的资料收集上，通过读书看报积累知识，以备不时之需。

⑦ 中医应用按摩手法来促进脸部皮肤健美，已有悠久的历史，并已积累了丰富的经验。

⑧ 潘先生爱书成癖、购书成瘾，积年累月，藏书已蔚为大观。

⑨ 长期重压下的不良生活嗜好，如抽烟、喝酒、熬夜等，日积月累，必然会导致人体多项功能失调，带来很多并发症。

⑩ 国家每年从积累中拿出大量资金用于造桥、铺路、修影剧院和体育馆、办学校等基础建设。

异同归纳		积蓄	积累
同	词性	动词	
	词义	表示逐渐聚集、积存起来。	

续表

异同归纳		积蓄	积累
异	词义侧重	着重于积少成多，把分散的、零星的聚集起来。 课文例句	着重于聚集、储存，把容易用掉、消耗掉的储存、积攒起来。
	词义范围	使用范围比较窄。	使用范围比较广。
	搭配对象	个人生活方面的财物。 例①	集体、国家生产方面的财物。
		能量、力量、精力、情感、精神…… 例②③④	知识、经验、学问、文化、资料、材料、资金、资产…… 例⑥⑦
	习惯用语		积年累月：形容经历的时间很长。 日积月累：长时间地积累。 例⑧⑨
同	词性	名词	
异	词义	个人、家庭积存的钱。 例⑤	国民收入中用于扩大再生产的部分，与“消费”相对。 例⑩

3. 延续　持续

延续

◎ 想象洛阳城延续了一千多年的“花开花落二十日，满城人人皆若狂”之盛况。

① 今夏太阳镜在整体的风格上仍然延续了去年的风尚，那就是浅淡透明。

② 青藏高原之游对我来说，是一个已经延续了十几年的梦。

③ 这位歌手延续了以前的做法，在这张唱片中充分体现了流行唱法与民族唱法的融合。

④ 孩子是父母生命的延续，而这延续着的生命又是那么蓬勃而有生机。

⑤ 翻修后的小院儿坡瓦顶、拱门窗，精雕细刻，朴实无华，富于历史的延续性，但又不拘于原有的建筑形式，而透出一派时代气息。

持续

⑥ 如果这种局面持续下去，国产自行车在国内市场的地位将岌岌可危。

⑦ 中国的南方水乡，一旦进入“梅雨季节”，阴雨天往往会持续数日。

⑧ 有氧运动的特点是强度低、有节奏、不中断、持续时间不少于15分钟。

⑨ 物价长期持续下滑或上升的走势是市场经济运行状况的晴雨表。

⑩ 实现可持续性发展是全人类共同的目标，需要跨领域、跨行业、跨国界的人们共同努力。

异同归纳		延续	持续
同	词性	动词	
	词义	不间断。	
	固定格式	延续性 例⑤	持续性 例⑩
异	词义侧重	着重于照原来的样子继续下去，延长下来。 例①②	着重于中间没有间歇。
	句法功能	可带宾语。	不带宾语。常带时间补语或趋向补语。 例⑥⑦
	搭配对象	历史、传统、习俗…… 课文例句 做法、生命、希望、梦想…… 例③④	时间、下降、发展、作用、改变、减少…… 例⑧⑨

4. 忽略　忽视

忽略

◎ 你叹服牡丹卓尔不群之姿，方知“品位”是多么容易被世人忽略或漠视的美。

① 他一个人坐在角落里，好像已经被别人忽略掉了。

② 我们每天忙忙碌碌，已经丧失了足够的敏感，生活中很多细节都被我们不经意间忽略过去了。

③ 现在很多家庭教育的失误在于忽略了关心和关怀这一必修课。

④ 我想我只顾自己快乐，而忽略了他的感受，忽略了他找不到工作的烦闷。

⑤ 如选含糖量5%以下的蔬菜、水果食用时，糖可以忽略不计。

忽视

⑥ 人们往往只重视话剧，而忽视了国粹京剧，致使戏剧研究留下了一个巨大的空缺。

⑦ 过分忽视社会力量，强调个人力量，其实对个人的前途发展并无好处。

⑧ 一味地忙于穿梭在事业和家庭中，而忽视了个人身体健康，是当今社会人们常常面临的问题。

⑨ 心理素质即心理健康的程度，也是取得成功不容忽视的一个重要因素。

⑩ 面对高等教育发展的新形势，切不可只重视数量的扩张而忽视教育质量，只注重“硬件”建设而忽视“软件”建设。

异同归纳		忽略	忽视
同	词性	动词	
	词义	对应该考虑到的事情未加注意或注意不够。	
	搭配对象	质量、数量、产量、生产、安全、工作、学习、教育、管理……	
异	词义侧重	着重于强调有所遗漏或没顾及到、注意到，多指全面思考中的疏漏，是无意的。 课文例句、例①	着重于强调不够重视或随随便便、粗心大意、不当一回事。一般是无意的； 例⑥ 有时是有意的。 例⑦
	词义范围	使用范围比较广。	
	搭配对象	细节、对……的关心、感受、家人、感情、前途…… 例②③④	健康、质量…… 例⑧⑩
	常用句式	只顾……，而忽略…… 例④ 因……，而忽略……	只重视/强调……，而忽视…… 例⑥ 过分重视……，而忽视了……

续表

异同归纳		忽略	忽视
异	习惯用语	忽略不计　例⑤	不容忽视　例⑨
	反义词语		与“重视”相对。　例⑥⑩

三　词语搭配

1. 争议

广泛～	存在～	～到深夜	～的焦点
普遍～	引起～	～了几番	～的核心
多方～	值得～	～下去	～的问题

2. 挑战

主动～	～自我	充满～	时代的～
向对手～	～……的纪录	面对～	激烈的～
无力～	～极限	迎接～	来自……的～

3. 伴随

忠诚地～	～他	～多年
永远～	～着时代发展	～下去
时时刻刻～	～着音乐	～在身旁

4. 脱落

一根根～	毛发～	～下来
不断地～	牙齿～	～到地上
止不住地～	油漆～	～光了

四 练习

(一)模仿例子组成新词

1. 激情	____情	____情	____情	6. 延续	延____	延____	延____
2. 脱落	____落	____落	____落	7. 连夜	连____	连____	连____
3. 盛大	____大	____大	____大	8. 争议	争____	争____	争____
4. 高贵	____贵	____贵	____贵	9. 积蓄	积____	积____	积____
5. 伴随	____随	____随	____随	10. 衰老	衰____	衰____	衰____

(二)选择适当的词语填空

期待 等待 积蓄 积累 延续 持续 忽略 忽视

1. 艺术家必须到生活中去观察、体验和________素材，在这个基础上酝酿构思，进行创作。
2. 客家围屋是汉代坞堡这种中原古代建筑形式的________和传承。
3. 本文在叙事上很下功夫，但是描写人物的形貌与表情等细节问题，却被无意中________掉了。
4. 冷空气到来引起的大雾天气造成了航班的延误，旅客们在候机室无可奈何地________着。
5. 经过几年的沉默，这家企业显然已经暗中________好了力量，准备明年全面推出他们的新产品。
6. 人们都聚集在广场上，满心________着那一激动人心的时刻的到来。
7. 注重知识传授，________能力培养；注重"专才教育"，________"通才教育"等仍然是在教育界长期存在且不容________的问题。
8. 中国大地上________了十余年的建设景象仍然没有停歇，目前正是中国现当代建筑史上的黄金时代。

(三) 选择适当的四字词语填空

惊世骇俗	不约而同	蔚然成风	徒有虚名
轰轰烈烈	倾国倾城	惊心动魄	安之若素

1. 登山队员和复杂的天气进行了一场特殊的、__________的较量。
2. 他学了一段时间后，感到该培训中心__________，便去要求退还学费。
3. "从小事做起，从我做起"这样的环境意识在当今社会已经__________。
4. 炎夏的傍晚，大伙都__________地聚在胡同口，乘着凉、聊着天儿。
5. 这座城市到处都是雕塑，有珍贵的原始遗迹，也有__________的现代作品。
6. 时间紧张，任务繁重，很多人都乱了手脚，只有她__________。
7. 随着人们健康意识的增强，世界各地的戒烟运动正__________地进行着。
8. 一个是至高无上的帝王，一个是__________的女子，这段美好的姻缘被永远地记载在史书中，流传至今。

(四) 为四字词语选择适当的位置

1. 不约而同

众多文学期刊 A 在探索其生存和发展道路的过程中，都 B 出现了 C 向文化倾斜 D 的趋势。（ ）

2. 无动于衷

当如此惊心动魄的场面 A 出现在你 B 的眼前，没有人会 C 对此 D，任何人都会怀着紧张而激动的心情驻足观望。（ ）

3. 轰轰烈烈

就是这几十片已埋藏在地下数千年的、记载了诸多 A 史实的竹简的发现，B 引发了学术界 C 的一场 D 的大讨论。（ ）

4. 安之若素

他总是频繁地被调换工作岗位，很多人都对此 A 感到奇怪，他却 B 一如既往，而且无论 C 在什么岗位上都 D 取得了优异的成绩，甚至作出了独特的贡献。（ ）

5. 卓尔不群

在这部 A 青春偶像剧中着力展示了那些当今社会上所谓 B 的“新鲜人类”们惊世骇俗的生存状态和事业生活中 C 的风采 D 。（　　）

6. 络绎不绝

一代京剧大师盖叫天之墓坐落于风景秀丽 A 的西子湖畔，B 前去 C 瞻仰者 D，堪称戏迷应去的最佳景点。（　　）

（五）用指定词语完成句子

1. 我们只有不懈地丰富知识、积累经验，________________。（挑战）
2. 为了庆祝建城 500 周年，________________。（盛大）
3. 她是个非常守信用的人，________________。（失约）
4. 她再也控制不住自己的感情，________________。（任凭）
5. 一看到这位商业巨子的到来，________________。（不约而同）
6. ________________，如今却形同陌路。（一度）
7. ________________，却没有任何消息。（期待）
8. ________________使这个患者转危为安。（竭尽）
9. ________________，尚未得到社会的公认。（争议）
10. ________________，难免会张皇失措。（从未）

（六）用指定格式完成句子

1. 这个项目正在全力研发当中，________________。（尚不能……）
2. 能否取得决赛权，________________。（皆 + 动词短语……）
3. 这个小女孩睁大了双眼，________________。（一副……的样子）
4. 舞者伴随着音乐翩翩起舞，________________。（犹如……一样）
5. ________________，家家户户都忙碌起来。（伴随着……的到来）

（七）下面每句话都画出了 ABCD 四个部分，请挑出有错误的部分

1. 甲骨文的发现至今已 100 年整整了（A），它的出土把中国古代史向前推进了 1000 年（B）。

由其发现引发的殷墟发掘（C），是中国现代考古学建立的重要标志（D）。（　　）

2\. 漫长的煎熬，使他渐渐平静下来（A），在求医无望的情况下（B），他能做的只有面对现实（C），接受命运的挑战——期待失明那一天的到来（D）。（　　）

3\. 家庭是儿童最早接触的社会环境（A），与孩子接触最多（B）、关系最亲密的父母的态度（C），对孩子形成良好性子的作用尤其不可忽视（D）。（　　）

4\. 在心理咨询时，不少人都提到了同一个不约而同的问题（A）：发现自己的梦具有预言性（B），有时会突然感觉所处的场景或事件（C），好像在某一个梦中出现过（D）。（　　）

5\. 用一种新型材料做成家庭花园桌椅的贴面（A），能任凭使桌椅风吹雨淋（B），而仍旧保持清洁常新（C），因此有人建议用这种材料制成屋顶的瓦片（D）。（　　）

语法讲解与练习

一　假设复句

两个分句间为偏正关系，偏句提出假设，正句说明结果。

正句的结果分为两种情况：假设与结果一致；假设与结果不一致。

◎ 假如没有看过洛阳的牡丹便不算看过牡丹。

◎ 倘若它再被贬谪十次，也许它就会繁衍出十个洛阳牡丹城。

① 谁如果要鉴赏中国的园林，那么苏州园林就不该错过。

② 要是他同意妥协让步的话，就真是一件皆大欢喜的事儿了。

③ 假如你不喜欢这种说话方式，那我可以尝试着改变。

④ 倘使你继续这样思前想后、犹犹豫豫，就会一事无成、追悔莫及。

⑤ 如若对废物加以合理利用，则可变“废”为宝，更有助于环保。

以上例句中偏句提出假设，假设在偏句事实或条件成立的情况下，正句就会出现相应的结果。

⑥ 不是你来帮助我，我还要连续干上三个小时才能完工呢。

⑦ 如果不是你告诉我，我到现在还不知道事情的原因呢。

⑧ 幸好下了两天两夜的雨，要不真不知道这里会旱成什么样子。

⑨ 幸亏你们及时赶到、劝住了他，不然可要出大乱子了。

⑩ 我不知道是老师您找我有事儿，否则我早过来了。

以上例句中偏句提出假设，假设在偏句事实或条件不存在的情况下，正句将会出现相应的结果，此类复句在表达上突出了偏句原因和条件的重要性。

常用关联词

<table>
<tr><td rowspan="2">假设事实或条件成立</td><td>合用</td><td>如果/要是……，那么/那/便/则……
假如/假使/假若……，那么/那/便/则……
倘使/倘若/若……，那么/那/便/则……
如若/若……，那么/那/便/则……
万一……，那么/那/便/则……</td></tr>
<tr><td>单用</td><td>那　那么　就　便　则　的话</td></tr>
<tr><td rowspan="2">假设事实或条件不存在</td><td>合用</td><td>（如果）不是……，还要……
幸好……，要不……
幸亏……，不然……</td></tr>
<tr><td>单用</td><td>……，否则……</td></tr>
</table>

二 练习

(一)选择适当的关联词填空

倘若……，便……	不是……，还要……
假设……，那么……	幸好……，不然……
万一……，那……	……，否则……
……的话，……	……，则……

1. ________你回来了，________，看目前的状况，这件事情很难解决。
2. ________这条论断成立，________我们为这个实验所作的一切将全部被推翻。
3. 我们肯定是忽略了一些重要的细节，________不会一点儿线索也没有。
4. 如果你没有急于创业________，就不会背负上那么多的债务。
5. 不和冠军较量，________永远不会成为优秀的选手；不想当将军的士兵，________永远不会成为优等的士兵。
6. ________你告诉我，我们________继续这样干下去呢。
7. ________这只是一场骗局呢，________我们公司岂不是要面临很大的损失？
8. ________人们临睡前剧烈运动或情绪激动，________会严重影响睡眠质量。

(二)模仿例句，用指定关联词完成句子

1. 倘使/倘如/倘若……，就/也……

   例：倘使不及早医治，很可能就会留下后遗症。

   ① 倘使只有这些资金，________________________________。

   ② ________________________________，我就尽量设法解决。

   ③ A：两个行动小组的意见还未统一，如何合作下去呢？

   B：________________________________。

2. 假设……，那么/那……

   例：假设让毕业生们选择一次性就业，那么，大城市、国家机关和大企业必然是首选。

   ① 假设他接受我们的邀请，________________________________。

② ______________________，那么就不会造成这种尴尬的局面了。

③ A：不知道明天的天气情况会不会影响我们的行程？

B：______________________。

3. 不是……，还要……

例：不是快要下雨了，那个孩子还要在外面玩儿到很晚才回来呢。

① 不是考虑到时间太晚了，______________________。

② ______________________，我还要坚持下去。

③ A：我们真应该好好感谢这位帮忙修车的好心人哪。

B：______________________。

4. 幸亏……，不然/要不……

例：幸亏有保险公司的赔偿，不然我们这次的损失可就太大了。

① 幸亏他还没有听说这个消息，______________________。

② ______________________，不然后果难以想象。

③ A：到底是老专家呀，这么快就解决了问题。

B：______________________。

(三)按逻辑关系排列顺序

1. A. 没听清他二人在说什么

B. 对谁都没有好处

C. 幸亏司机正在认真地开车

D. 不然这个秘密要是被听见了 ______________

2. A. 假若你不能坚持自身的价值观

B. 因为在充满挑战的职场上

C. 青年人朝气蓬勃、刚入社会

D. 必须要把握好自己的原则

E. 只会迷失自己 ______________

3. A. 当然就会设法一招制敌
   B. 在和别人下棋的时候
   C. 人说君子无争，即使无争
   D. 如果有机会使对方受窘
   E. 下棋也是要争的 ______

4. A. 发现了自己并不适合这项工作
   B. 这个倔强的小伙子
   C. 如若不是看到了自己的弱点
   D. 直到取得最后的成功
   E. 肯定还会坚持尝试 ______

5. A. 否则行进的速度越快
   B. 观念是有方向的
   C. 则会离原点越远
   D. 方向首先要正确
   E. 甚至很难再找回归途 ______

修辞提示与练习

一 拟人

在汉语中，为了使自己描写的对象更加形象、生动、新颖，使行文活泼、自然、真切，从而使读者对该事物产生感情，引起相关情境上的联想和思想上的共鸣，写作中常常会将事物人格化，即把大自然中的动植物、生活中的事物及抽象的事物比作人，赋予它以人的动作、思想、感情、语言，这种修辞手法就是拟人。

◎传说中的牡丹，是被武则天一怒之下赶出京城，贬去洛阳的。

◎一丛丛半人高的牡丹植株之上，千头万头硕大饱满的牡丹花苞，个个形同仙桃，却是朱唇紧闭，洁齿轻咬，薄薄的花瓣层层相裹，透出一副傲慢的冷色，绝无开花的意思。

◎牡丹为自己营造了神秘与完美——恰恰在没有牡丹的日子里，你探访了牡丹的个性。

◎任凭游人扫兴和诅咒，牡丹依然安之若素。

以上文中例句，是用表现人的特性的词语描述事物。

◎一丝苍白的阳光伸出手竭力抚弄着它，（牡丹）它却木然呆立，无动于衷。

◎当年武则天皇帝令百花连夜速发以待她明朝游玩观赏，百花因害怕皇威而纷纷开放，唯独牡丹不从，宁可发配洛阳。如今怎么就能让牡丹轻易改了性子？

①这一圈小山在冬天特别可爱，好像是把济南放在一个小摇篮里，它们安静不动地、低声地说："你们放心吧，这儿准保暖和。"

②（梅雨潭）那醉人的绿呀！……我舍不得你，我怎么舍得你呢？……我送你一个名字，我从此叫你"女儿绿"，好吗？

③夜里，他蹲在地里倾听棉花落铃落蕾的声音，有时还风趣地对棉苗说："你休息，我不休息。"

以上例句，是把事物变成人，像人一样说话、行动，或者把事物当做人，人与其直接对话。

注意

除具体事物外，抽象概念也可以拟人化，形象、生动地拟人描写可以有效地避免说理的深奥与枯燥。

①真理总是悄悄地走进勇敢者的心间，向他昭示智慧的魔力。

②……最后则是事实先生跳将出来，给这些空谈家一瓢冷水。

二 练习

分析各段修辞类型，概括所描写对象的人格化特点并指出重点词语

1. （春兰）她们开花时千姿百态，有的似蝴蝶飞舞，有的像铃铛摇动；更有的像雄壮的军号在吹奏着……虽然兰花开放时没有桃花的灿烂、牡丹的雍容华贵，但是却另有一番说不出的动人风韵。颜色不怎么绚丽，但是淡雅清新；花瓣不怎么复杂，但是潇洒自然。我最喜欢那洁白如洗、生长在角落里、默默无闻的素心兰了。

2. （夏荷）夏秋之交，湖面上大片大片的荷花开出白色、粉红色的花朵。有的躲在荷叶的背后，不肯露头，像个羞怯的小姑娘；有的从荷叶中探出头来，含笑怒放，散发出阵阵清香。有谁能想到在这炎热的午后、在这乌黑的湖泥中会有这样纯净清香、一尘不染的荷花呢？

3. （秋菊）深秋了，天气一天天变冷，那绚丽的玫瑰、那飘香的月季都有些憔悴，在北风的疯狂扫荡下她们已经渐渐抬不起头。北风很是得意，他所到之处，花草树木都臣服于他。只有秋菊，愈开愈艳，挺直了身子，没有向狂风低头……

4. （冬梅）是雪花飘落在枝头，才如此千姿百态？是白玉装点在树干，才这般洁白晶亮？不，雪花没有你那样的风度，白玉缺少你那高洁的品格。呼啸的寒风中，孤独的冰雪世界里，万花纷纷凋谢的时候，只有你临寒独放。你那美妙

的身姿，那愈远愈清的香气，给冰冻的大地带来了一片生机！梅花，你是世间凌寒傲雪之花！

表达与写作

表达训练

1. 牡丹在中国人的心目中具有怎样的象征意义？
2. 你是如何理解中国花卉文化的精神内涵的？
3. 你们国家在观赏花木时具有怎样的特殊的审美心理？
4. 根据你对花卉的了解，试举几种进行描述。
5. 如果要选一种植物作为你自己的代表，你会选什么？

写作训练

试从以下选题中任选其一作文，题目自拟。

字数：不少于300字；要求：尽量参考并尝试使用课文里的重点词语。

第一题

当日本的樱花飞舞出历时半年的美丽，当泰国的睡莲静卧出水中女神的安详，当俄罗斯的向日葵诉说着对阳光的膜拜，当墨西哥的仙人掌顽强决出“沙漠英雄花”的美誉，作为“园林之母”的中国，该如何确定自己的国花呢？。

如果由你来推荐一种花的话，你推荐哪一种，理由是什么？

第二题

你们国家的国花是什么，它具有什么特点和象征意义？

背景资料

2005年7月《文汇报》报道62位院士《关于尽早确定梅花牡丹为我国国花的倡议书》，搜狐网随即发起了“关于中国确定国花”的网上投票，牡丹获得了高达41.42%的支持率。

2006年中新网3月9日电　中国的“国花之争”已有20多年，近日来到南京的中国工程院院士、中国国艺学会副理事长90岁高龄的陈俊愉院士预测，关于国花的争论应该会尽快了结，梅花和牡丹在中国都有着悠久的栽培历史，在1987年进行的中国十大名花评选活动中，梅花得票数第一，牡丹第二。“一国两花”可能是评选结果，这也是皆大欢喜的结果。

扩展空间

名家典藏

《花与中国文化》何小颜　人民出版社

媒体资源

http：//www. chinapeony. net （中国牡丹网）

http：//www. peonyonline. net（中华牡丹网）

词语追踪

花的人格化

名曲欣赏

牡丹之歌

啊　牡丹
百花丛中最鲜艳
啊　牡丹
众香国里最壮观
有人说你娇媚
娇媚的生命哪有这样丰满
有人说你富贵
哪知道你曾历尽贫寒
啊　牡丹　啊　牡丹
哪知道你曾历尽贫寒

啊　牡丹
百花丛中最鲜艳
啊　牡丹
众香国里最壮观
冰封大地的时候
你正孕育着生机一片
春风吹来的时候
你把美丽带给人间
啊　牡丹　啊　牡丹
你把美丽带给人间
你把美丽带给人间

4 文人茶话

背景阅读与练习

一 限时阅读，按要求回答问题

限时：5 分钟

饮茶最重要的是一种心境。茶味在于“淡”，饮茶时需要神清气闲，心态平和，在静默中细细品味，喧闹污浊是与茶境不符的。一人独饮，或有性情相投、心境淡泊的朋友共坐，浅斟细酌，在一杯清茶中静静享受人生，韵味至深。而且，也只有当眼前、心中没有了富丽奢华的景象和蝇营狗苟的私念时，才能感受到茶那淡远的幽香。因此，饮茶时环境和心境都极其重要。据《茶疏》所载，适宜饮茶的环境为：心手闲适，杜门避事，荷亭避暑，小院焚香，清幽寺观，名泉怪石等等。而做事、观剧、发书柬、长宴大席、人事繁杂时则不宜饮茶。

茶的各道工序，不管是采茶、制作，还是烹煮、斟茶，洁净是第一准则。采茶时必须是天气清明的早晨，空气清新，茶树上露水芬芳犹存，所采的茶才是上品，阴雨天采的就差了；制作时杀青、揉捻（róuniǎn　用手来回擦或搓）、干燥等等诸道工序更要洁净无垢。烹茶时不能用恶水、敝（bì　破旧、破烂的）器、铜匙、木桶、柴薪、麸炭等，也不宜靠近阴屋、厨房、市喧、酷热斋舍等。茶讲求和谐，因此，好茶要配好水，择水是极为重要的。山上的水为最好，山水中又以乳泉细流者为上。烹茶更是一种超然脱俗的氛围。在山麓（lù　山脚）水涯，随意设一草屋，即可作为茶室，茶室氛围庄重和谐。烹茶需用小壶，以宜兴紫砂陶壶最为适宜。待水壶中水一滚二滚三滚之后，斟茶人提起水壶，将小陶壶内外一浇，使陶壶内外同时加热，放入茶叶，利用温壶的热量将干茶的香气烘托出来，让饮者闻香，称为“汤前香”。然后注水冲泡，饮者先要欣赏茶汤的“杯面香”，其次欣赏色泽，再次啜（chuò 喝）饮滋味，最后欣赏留在杯内的“杯底香”。饮茶已不是其目的所在，而礼仪、道德以及主客之间心灵的交流才是其主旨。

中国茶道吸收了儒、佛、道三家的思想精华。佛教强调“禅茶一味”，以茶助禅，以茶礼佛，在从茶中体味苦寂的同时，也在茶道中注入佛理禅机，这对人以茶道为修身养性的途径，借以达到明心见性的目的有好处。而道家学说则为茶道注入了“天人合一”的哲学思想，树立了茶道的灵魂。同时，还提供了崇尚自然，崇尚朴素，崇尚真理的美学理念和重生、贵生、养生的思想。

判断正误（正确的画“√”，错误的画“×”）

1. 茶味在于“淡”，指的是沏茶的时候，味道不要太浓，要淡一点儿。（ ）
2. 茶的四道主要工序依次为：采茶、制茶、烹茶、品茶。（ ）
3. 采茶的最佳时间是每年清明节的早晨。（ ）
4. 烹茶时最好使用泉水、紫砂壶、木桶。（ ）
5. 品茶“品”的是“汤前香”“杯面香”和“杯底香”。（ ）
6. 中国的茶道是融佛、道、儒三大教思想于一体的精神上品。（ ）

选择正确答案

1. 饮茶讲求的是一种心境，它要求：（ ）

   A. 一定要在神气宁静、心态平和、思想纯净时饮茶

   B. 参加大型的宴会酒席一定要饮茶

   C. 工作忙碌，劳累的时候一定要饮茶

   D. 家中办婚丧嫁娶等大事时一定要饮茶

2. 饮茶的环境极为重要，适宜的环境是：（ ）

   A. 依山傍水的雅舍　　B. 厨房

   C. 喧闹的市场　　D. 非常闷热的房间

3. 烹茶用的水应当烧熟（ ）

   A. 一次　　B. 两次

   C. 三次　　D. 四次

4. 文中“干茶”是指：（ ）

   A. 茶类的一种　　B. 没加水前的茶

   C. 在壶里烧干的茶　　D. 新晒干了的茶

5. 茶道中体现的是道家学说中的　　　　　　　　　　　　　　　　　　（　　）

A. “天人合一”的思想　　　　B. “以茶助禅”的思想

C. “以茶立佛”的思想　　　　D. “禅茶一味”的思想

6. 茶道里**不**包括　　　　　　　　　　　　　　　　　　　　　　　（　　）

A. 崇尚自然朴素的思想　　　　B. 崇尚真实的思想

C. 追求名利、讲求富贵的思想　　　　D. 崇尚生命、尊重生命的思想

简单概括中国饮茶各道工序的讲究。（不超过 25 个字）

二 阅读后按逻辑关系排列顺序

A. “茶兴于唐而盛于宋”，制茶方法的改变，给饮茶方式带来深远的影响，唐宋时期，茶类生产由团饼为主趋向以散茶为主。

B. 最初，春秋前茶叶作为药用受到关注，茶的含嚼成为人们的一种嗜好，这可说是茶之为饮的前奏。随着人们生活的发展，生嚼茶叶转变为煎服，煎煮的茶，虽苦涩，然而滋味浓郁，这是茶作为饮料的开端。

C. 然而，茶由药用发展为日常饮料，经过了食用阶段作为过渡，即以茶当菜，煮熟后与饭菜调和，既增加营养，又为食物解毒。直到秦汉时期，茶叶的简单加工才出现，把鲜叶捣成饼状茶团，此时茶叶不仅是日常解毒之药品，且成为待客之食品。

D. 明清之后，品茶方法日益完善而讲究，茶壶茶杯要用开水洗涤，干布擦净，茶渣倒掉再斟（zhēn　往杯碗里倒酒、茶），器皿也以紫砂为上；茶类更加丰富，不同地区选用不同茶类：两广喜好红茶，福建多饮乌龙，江浙则好绿茶，北方人喜花茶或绿茶，边疆少数民族多用黑茶、砖茶。

重新排序＿＿＿＿＿＿＿＿＿＿＿＿＿＿＿

三 阅读后按要求回答问题

茶叶故乡　茶为“国饮”

种茶、饮茶在中国历史悠久，如果从茶“发乎神农氏”算起，已有5000多年的历史，茶已深深地融入了每一个中国人的生活。它的民族性是这样的鲜明，以至于成为一种文化的象征。在中国，有几千万茶农，几亿人喝茶；茶馆、茶艺业蓬勃兴起，盛况空前。茶实际上早已成为举国之饮。茶作为中国的代表性饮料，作为“国饮”，理所当然。

中国是茶叶的故乡，是茶叶生产、消费和出口的大国，在世界茶叶产业中具有举足轻重的地位。在中国加入世界贸易组织和全面建设小康社会的背景下，倡导茶为“国饮”，其目的就是为了弘扬茶文化，促进茶经济，造福种茶人和饮茶人。这有利于展现中华茶叶古国的风韵，提高中国茶叶的国际知名度，扩大产品出口；有利于引起各方面重视，扩大茶产业规模，提高质量，争创名牌，扩大内需，促进茶叶经济的健康持续发展；有利于促进海内外经济文化交流，以茶会友，增进各国人民的友谊；也有助于进一步挖掘茶文化这个祖先留传下来的宝藏。

饮茶代表健康的生活方式。长期的实践和科学研究表明，茶叶具有多种有益于人体的元素，在新世纪，茶的价值又得到全新的发掘，“万药之本”随着科学发展得到不断印证。茶以其养身健体的功效，在世界饮料中独树一帜。不吸烟、少喝酒、多饮茶，成为全世界公认的一种长寿之道。对茶的开发，已超出饮食本身的范畴，而与现代医学、生物学更紧密地结合在一起。中国茶的神奇，还在于它凝聚了中华民族的文化精华，能超越雅俗、阶层、国界，集解渴、怡情、社交、修政于一体，茶的文化，不但传统，而且现代，越是民族的东西，越容易被世界接受，因此提倡茶为“国饮”，是时代的要求。

茶饮料被称为“新时代饮料”。从长远的观点看，茶是可以与碳酸饮料相抗衡的产品，其特点是天然、保健且能解渴，符合现代人崇尚天然、追求健康保健的消费心理需求。从一些主要地区来看，世界茶饮料的增长速度很快。20 世纪 90 年代以来，茶饮料一直处于增长之势。茶饮料消费在西欧，尽管每个国家发展不一致，但总体也是处于上升趋势的。如瑞士目前已达到每人一年 32 升。日本开发茶饮料较早，1983 年开始大量生产乌龙茶，1985 年开始生产红茶，以后品种不断丰富，其大部分产品是不加糖的纯茶饮料。日本每人年均消费茶饮料约 22 升。随着人们饮用瓶装水习惯的逐渐形成，茶饮料将拥有更大的发展空间。

确定茶为“国饮”，采取积极的应对措施，意义重大。

茶自身的优点有哪些？（不超过 50 个字）

作者为什么支持茶为 “国饮”， 根据是什么？（不超过 50 个字）

课 文

课文导读

陆文夫生前有三大爱好：好吃、爱茶、嗜酒，作家李国文笔下就描写了这样一位对茶有着很高品鉴眼光的江南秀士。人生如茶，早年的陆文夫经历了许多人生坎坷，但在他的为人和为文中，人们看到的却仍然是超脱于物外的陆文夫。

思考题

1. 你是否观看过有关茶艺、茶道的表演？
2. 你是否知道中国茶的起源、历史、种类及其各自的特点？
3. 你是否了解茶在饮食、医疗、社交等方面的功效？

文夫与茶

李国文

烟、酒、茶，人生三趣，陆文夫全有了。

那一年，到宜兴，时值新茶上市，我们便到茶场去品茗①。仲春时节，茶事已进入盛期，车载着我们，穿过散布在坡间谷地的茶园，江南三月，草长莺飞，早已是一片郁郁葱葱，但是想喝上好的雨前或明前②的新茶，应该说是来晚了一点儿。

虽然茶场例行的规矩，要沏新茶招待，但此时节多用大路货来支应来访者。因为当地友人关照过的缘故，对我们破了例，那一盏绿茶，该是这个茶场里今春的上品了，饮来果然不错。于是想起唐代卢仝的诗："天子欲饮阳羡茶，百草不敢先开花"③。看来，言之有理。古阳羡，即今宜兴。此地的茶，自古以来享有盛名。

---

① 品茗（míng）：喝茶，指仔细地辨别、品尝茶的味道。

② 雨前茶、明前茶：同属绿茶的一种，分别用谷雨和清明以前采摘的细嫩茶尖制成。谷雨和清明是二十四节气中的两个，前者在4月19、20或21日；后者在4月4、5或6日。

③ 天子欲饮阳羡茶，百草不敢先开花：出自唐代诗人卢仝（tóng）的《七碗茶诗》，在诗中既把贡茶采制的季节（在百花开放之前）表现出来，又暗示了帝王凌驾一切的嚣张气势。

上品是上品，在座的其他同行，喝了也就喝了，说他们是猪八戒吃人参果——全不知滋味①，未免糟蹋诸位。但值不值得花费如此多的价钱，来买这种据称是上品的茶，却不大有把握。几个人都把目光投向文夫，看他如何说，如何办。因为，他家住苏州，近有太湖的碧螺春，远有西湖的龙井，应该说，不会舍近求远，但他呷②了几口阳羡茶以后，当时就放下钱，要了三斤新茶。一人一次买这么多的茶，不禁令人侧目。因为茶叶不耐储存，当年是宝，隔年为草。但是，文夫认定是上品，于是，别人也就或多或少地买了起来。

然后，转而到一家紫砂厂买茶壶，这是到宜兴的人不可缺少的一项节目。但壶之高下，有天壤之别，好者，爱不释手，但价码烫手；孬③者，粗俗不堪，白给也不想要。挑来挑去，各人也就选了一两件差强人意、在造型上说得过去的小手壶，留作纪念。文夫却拎了一具粗拙可爱，古朴敦实的大紫砂壶，我不禁笑了，这不就是儿时所见村旁地头边，豆棚瓜架下的农家用物嘛。他却很为自己的这个选择而怡然自得。

紫砂茶具

有人喝茶，十分注重茶外的情调，所谓“工夫在诗外”④是也。我属于现实主义者，容易直奔主题，只是看重茶在口中的滋味，至于水，至于器具，至于其他繁文缛节，雅则雅矣⑤，但我本不雅，何必装雅，所以，就一概略去。因此，日本人来表演茶道，我敬佩，但从不热衷。看文夫这只茶壶，我也很欣欣然，至少在饮茶的方式上，我晓得他与我观念趋同。

也就是那年在宜兴，我还记得，他既抽烟又喝酒，还饮茶，样样都少不了。近两

---

① 猪八戒吃人参果——全不知滋味：歇后语，一般为固定短语，前半部分形象表述，后半部分解释说明形象表述的含义。

② 呷（xiā）：〈方言〉喝。

③ 孬（nāo）：〈方言〉不好；坏。

④ 工夫在诗外：语出宋代大诗人陆游在晚年写的一首诗《示子遹》，诗的末两句是“汝果欲学诗，工夫在诗外”，以此向儿子传授写诗的秘诀。意思是说：要想写好诗，只讲究诗的形式和技法还不够，必须深入生活，有丰富的社会实践和生活阅历，在诗外下工夫，才是取得创作成功的保证。

⑤ 矣（yǐ）：古汉语助词。用在句末，跟“了”相同。

年，到了北京，我发现烟他似乎压根儿①不抽了，酒大概也喝得很少了，只有饮茶如故。

我问他：如何？

他答曰：还行！

一个人，该有的，都曾经有过，当然是幸福。或是，有过，后来又放弃了，那也没有什么；或是，压根儿就没有过，又怎么样呢，那也未必不是幸福。不仅仅是烟、酒、茶，一切一切的物质和一切一切能起到物质作用的精神，都可以算在内。有或没有，得或不得，想开了，求一个自然，然后得大自在，最好。自然而然而自在，这就是我认识的陆文夫。

他原来，烟曾经抽得多，甚至边打字边抽烟；酒也曾经喝得多，而且醉态可掬②。不过，现在，烟和酒，从他个人的生活中渐渐淡出。守自己的方针，写自己的文章，一台电脑一杯茶；或索性什么也不写，品茶听门前流水，举盏看窗外浮云，诚如王蒙所言，写是一种快乐，不写也是一种快乐。到了我们这样年纪的一群人，只剩下茶是最后一个知己。好多人终于把烟戒了，把酒戒了，从来没听说谁戒茶的。看来，能够全程陪同到底的乐趣，数来数去，唯有茶。茶之所以能成为最后的朋友，是由于它不近不远，不浓不淡，不即不离，不亲不疏。如果人之于人，也是这样的话，那友情，说不定也会更长久些。

君子之交淡若水③，茶者，君子也。你对它无动于衷的时候，如此；你对它情有独钟的时候，仍如此。色，淡淡的，香，浅浅的，味，涩涩的，不特别亲热，也不格外疏远，感情从不会太过强烈，但余韵却可以延续很长很长。如果，懂得了茶的性格，也就了解了文夫的一半。文夫，从我认识他那天起，就总保持着这种淡淡的君子风度。

茶者，君子也

记得有一年到苏州，文夫照例陪我去看那些他认为值得我看的地方。我这个人是属于那种点到为止的游客，没有什么太高的兴致，实在使东道主很败兴。与其被导游领着鱼贯而入、聆听讲解，最后雀跃而去，我宁愿在走

---

① 压根儿：〈口语〉根本、从来。多用于否定。

② 掬（jū）：两手捧（东西）。

③ 君子之交淡若水：语出《庄子·山水》“且君子之交淡若水，小人之交甘若醴（lǐ 甜酒）”，指圣贤的人的友谊平淡如水，不尚虚华。

累了的时候，找一个喝茶的地方坐下来，这才是极惬意的赏心乐事。这样游法，任凭是瑶琳仙境①，也索然无味。我记不得那是苏州的一处什么名胜，他见我懒得拾级而上，便倡议在山脚下找个地方喝茶。

找来找去，只有很普通的一个茶摊，坐在摇晃的板凳上，端着不甚干净的大碗，喝着混浊粗糙的茶汤，也算是小憩一番。但这绝不是一个喝茶的环境，一边是大排档的锅碗瓢盆②，小商贩的肆意叫卖，一边是手扶拖拉机的招摇过市，过往行人的拥挤堵塞。往山上走的善男信女，无不香烛纸马③，一脸虔诚，下山来的时髦青年，皆勾肩搭背，燕燕莺莺。说实在的，这一切均令我头大，但我很佩服文夫那份平常心，坦然、泰然、怡然地面对这一派市声与尘嚣。

在茶水升腾起来的浓浓热气中，我发现他似乎更关注天空中那白云苍狗④的变幻，这种超然物外的悟解，更多可以在他的作品中看到，茶境中的无躁，是时下那班狷急文人那颗按捺不住的心所不能体味的。此刻，夕阳西下，晚风徐来，捧着手中的茶，茶虽粗，却有野香；水不佳，但系山泉。顿时间，我也把眼前纷扰、混乱、喧嚣、嘈杂的一切，置之脑后，在归林的鸦噪声中，竟生出“天凉好个秋”⑤的快感。

茶水升腾

茶这个东西，使人清心，沉静，安详，通悟。如果细细品味这八个字，似乎可以把握一点儿文夫的性格。

我以为，饮茶时的文夫，更像江南秀士一些。

（有删改）

① 瑶琳仙境：瑶（yáo）、琳：〈书面语〉美玉；仙境：神话中仙人居住的地方。在这里形容景物美好的地方。

② 锅碗瓢（piáo）盆：烹饪用具的统称。

③ 善男信女：佛教用语，指信仰佛教的人们。香烛纸马：指佛教徒、道教徒到名山庙宇去烧香朝拜的供品。

④ 白云苍狗：语出杜甫的诗《可叹》：“天上浮云似白衣，斯须改变如苍狗。”后来用“白衣苍狗”比喻世事无常，也说“白云苍狗”。

⑤ 天凉好个秋：出自宋代诗人辛弃疾的词《丑奴儿·书博山道中壁》，作者借秋季天凉抒发了自己忧国忧民的愁绪。

思考与回答

1. 文中介绍了哪些关于茶的知识?

   上市　沏　大路货　具

2. 在饮茶方面作者为什么说自己是现实主义者?

   雅　一概　败兴　宁愿　繁文缛节　热衷

3. 作者为什么说“茶者，君子也”?

   滋味　友情　不即不离

4. 作者为什么说“懂得了茶的性格，也就了解了文夫的一半”?

   自然而然　自在　风度

5. 文夫与茶之间是什么样的关系呢?

   关注　安详　按捺不住

背景链接

李国文，江苏省盐城县人，1930年生于上海。中国作家协会专业作家。1981年出版长篇小说《冬天里的春天》获首届茅盾文学奖。出版有《李国文文选》。

陆文夫，中国作家协会副主席、江苏省作家协会主席，2005年7月逝世，他的作品多次获全国优秀中短篇小说奖。其作品具有浓郁的苏州地方色彩，向读者展示了含蕴丰富的姑苏文化；其为人练达又睿智、平和而亲切，谦虚待人、严谨治学，深得作家们的爱戴，因此，作家们纷纷写作诗文怀念他的生平，在其逝世一周年之际，结集《永远的陆文夫》。

词语

1.	上市	shàng shì		季节性的货物开始在市场上出售。
2.	仲春	zhòngchūn	(名)	春季的第二个月，即农历二月。
3.	沏	qī	(动)	(用开水) 冲、泡。
4.	大路货	dàlùhuò	(名)	质量普通，但销路很广的商品。
5.	支应	zhīyìng	(动)	马马虎虎地应付，敷衍了事。
6.	来访	láifǎng	(动)	前来访问。
7.	盏	zhǎn	(量)	用于小杯子。
8.	享有	xiǎngyǒu	(动)	在社会上取得（权利、声誉、威望等）。
9.	滋味	zīwèi	(名)	味道。
10.	未免	wèimiǎn	(副)	实在不能不说是……（表示不以为然）。
11.	糟蹋	zāota	(动)	浪费或损坏。
12.	花费	huāfèi	(动)	因使用而消耗掉。
13.	碧螺春	bìluóchūn	(名)	绿茶的一种，产于江苏太湖洞庭山。
14.	龙井	lóngjǐng	(名)	绿茶的一种，产于浙江杭州龙井一带。
15.	认定	rèndìng	(动)	确定地认为。
16.	不堪	bùkān	(形)	用在消极意义的词后面，表示程度深。
17.	具	jù	(量)	用于某些器物。
18.	粗拙	cūzhuō	(形)	不精美。
19.	敦实	dūnshi	(形)	粗短而结实。
20.	紫砂壶	zǐshāhú	(名)	一种陶制茶具，以江苏宜兴所产最有名。
21.	主题	zhǔtí	(名)	文学、艺术作品中所表现的中心思想，是作品思想内容的核心。

22. 器具	qìjù	（名）	用具；工具。
23. 雅	yǎ	（形）	高尚的；不粗俗的。
24. 一概	yígài	（副）	全部；没有例外。
25. 热衷	rèzhōng	（动）	十分爱好（某种活动）。
26. 曰	yuē	（动）	〈书面语〉说。
27. 自在	zìzài	（形）	自由；不受拘束。
28. 索性	suǒxìng	（副）	直截了当；干脆。
29. 诚如	chéngrú	（动）	〈书面语〉确实如同。
30. 友情	yǒuqíng	（名）	朋友的感情；友谊。
31. 涩	sè	（形）	使舌头感到麻木、干燥的味道。
32. 风度	fēngdù	（名）	举止、姿态很美好。
33. 东道主	dōngdàozhǔ	（名）	请客的主人。
34. 败兴	bài xìng		因遇到不希望有的事而情绪低落。
35. 鱼贯	yúguàn	（副）	像游鱼一样一个挨一个地接连着（走）。
36. 聆听	língtīng	（动）	〈书面语〉仔细听取。
37. 宁愿	nìngyuàn	（副）	宁可，表示比较两方面的利害得失后选取的一面，多跟上文的“与其”或下文的“也不”相呼应。
38. 惬意	qièyì	（形）	满意；舒服。
39. 混浊	hùnzhuó	（形）	（水、空气等）含有杂质，不清洁，不新鲜。
40. 粗糙	cūcāo	（形）	（质料）不精细，不光滑。
41. 小憩	xiǎoqì	（动）	短时间的休息。
42. 番	fān	（量）	回；次；遍。
43. 肆意	sìyì	（副）	不顾一切由着自己的性子（去做）。
44. 虔诚	qiánchéng	（形）	态度恭敬而有诚意。
45. 尘嚣	chénxiāo	（名）	人世间的纷扰喧嚣，人多而混乱、声音大而杂。
46. 关注	guānzhù	（动）	关心重视。

47. 狷急	juànjí	（形）	〈书面语〉性情急躁。
48. 嘈杂	cáozá	（形）	声音大而乱。
49. 安详	ānxiáng	（形）	平静；稳重。

四字词语

1. 郁郁葱葱	yùyùcōngcōng	形容草木茂盛、苍翠的样子。
2. 天壤之别	tiānrǎng zhī bié	形容差别非常大。
3. 爱不释手	ài bú shì shǒu	喜爱到极点而不忍心放下。
4. 差强人意	chā qiáng rényì	大体上还能使人满意。
5. 繁文缛节	fán wén rù jié	过于繁琐的、不必要的礼节、仪式，也用来指其他多余的事情。
6. 自然而然	zìrán ér rán	事物本来就是这样。
7. 不即不离	bù jí bù lí	与人保持一定的距离，不十分亲近也不疏远。
8. 情有独钟	qíng yǒu dú zhōng	对某人或某物特别喜爱。
9. 拾级而上	shèjí ér shàng	沿着阶梯往上走。
10. 招摇过市	zhāoyáo guò shì	故意炫耀自己以引起别人注意。
11. 按捺不住	ànnà bú zhù	无法克制自己的情绪。

专有名词

1. 宜兴	Yíxīng	地名，位于江苏省。
2. 江南	Jiāngnán	泛指长江以南地区。
3. 卢仝	Lú Tóng	人名，唐代诗人。
4. 阳羡	Yángxiàn	古地名，今江苏宜兴。

5. 苏州　Sūzhōu　地名，位于江苏省。是临近上海的江南水乡。

6. 太湖　Tài Hú　湖名，位于江苏省苏州、无锡市境内。

7. 西湖　Xī Hú　著名风景区，位于浙江省杭州市。

8. 王蒙　Wáng Méng　人名，当代作家。

词语讲解与练习

一　词语例释

1. 未免

副词　表示对所作所为不以为然，意思是“实在不能不说是”“只能说是”。

◎上品是上品，在座的其他同行，喝了也就喝了，说他们是猪八戒吃人参果——全不知滋味，未免糟蹋诸位。

① 就当时的实际情况说，你未免过分夸大了吧。

② 你在公共场合这样大声喧哗，未免有点儿缺乏教养了。

③ 大学生打工选择从事一些简单的体力劳动，虽说可以锻炼吃苦耐劳的品质，但让这些体力工作成为主流未免令人担忧。

未免 + 动词/动词短语

④ 这篇文章写得倒是不错，只是篇幅未免有些长了。

⑤ 因为这么简单的理由就取消了他的参赛资格，未免过于草率了。

⑥ 据说大家原打算在一所老宅子品茗，现在挪到这样平常的地方，未免不够有情调吧。

未免 + 形容词/形容词短语

⑦ 现在就轻易下结论，未免说得过早了。

⑧ 颜色不满意，款式也不满意，你未免挑剔得太多了吧。

⑨ 光签字就要经过三道关，这些手续未免规定得过于复杂了。

“未免 + 动词 + 得”/“动词 + 得 + 未免”，常跟程度副词（太、过于、过度、过分、不大、不够、有点儿、有些）以及数量词（一点儿、一些）合用，多为消极意义。

2. 不堪

副 词

◎但壶之高下，有天壤之别，好者，爱不释手，但价码烫手；孬者，粗俗不堪，白给也不想要。

① 现代生活，紧张繁忙，工作一天下来让人疲惫不堪。

② 赶来听讲座的学生非常多，不一会儿工夫，礼堂门口自行车停放处已经拥挤不堪了。

③ 两夫妻上有老下有小，肩头的负担并不轻，两间建了一半的平房早已破烂不堪，屋顶常常漏水，家里很潮，就连电视机都坏了。

用在消极意义的词后面，表示程度深。

动 词

④ 面对这强壮的对手，身材瘦小的他简直不堪一击。

⑤ 因特网带来数字信息量的快速增长，局域网中传统的服务器由于繁多的功能已经不堪重负。

表示承受不了。

⑥ 明明是新修的路，线还没有画好，可那路面却已烂得不行了，到处补着补丁，不堪入目之余更多的是令人气愤。

⑦ 如果不能抢在狂风暴雨到来之前将 24 公里的大堤加固，后果将不堪设想。

表示不可、不能，多用于不好的方面。

形 容 词

⑧ 面对别人的帮助和关心，你竟然还恶语相向，真是太不堪了！

⑨ 这个人从来都是利用别人来达成自己的目的，甚至有时不惜牺牲他人的利益，不堪至极！

表示坏到极深的程度。

3. 一概

副词 表示行为、状态适用于全体，没有例外。后面不能接单音节词。

◎ 我……只是看重茶在口中的滋味，至于水，至于器具，至于其他繁文缛节，雅则雅矣，但我本不雅，何必装雅，所以，就一概略去。

① 世间的事物千差万别，不能一概而论，要区别对待。

② 她这个购物狂，只要是自己喜欢的东西，不论贵贱，一概都买。

③ 在律师面前，这个嫌疑人始终沉默不语，任何提问都一概拒绝回答。

（一概+肯定式）

④ 对于他没有亲眼看见的事情，他一概不相信。

⑤ 图书馆当年的期刊杂志未经装订前只供阅览，一概不能外借。

⑥ 一心只喜欢钓鱼的他，除了和钓鱼有关的事情以外一概不感兴趣。

（一概+否定式）

一概 + 动词短语

⑦ 此房出租，家电齐备，电话、煤气、暖气也一概齐全。

⑧ 只要是古诗词方面的知识，他都一概清楚，问他就可以了。

⑨ 这份汇报材料，关于基本条件、可行措施等方面的论述一概不具体，怎么进行下面的计划？

“一概 + 形容词/形容词短语”，此种用法不多见。

4. 索性

副词 表示由于上文提到的行为不具备充分的条件而直截了当地采取某种行为，意思相当于“干脆……”。

◎守自己的方针，写自己的文章，一台电脑一杯茶；或索性什么也不写，品茶听门前流水，举盏看窗外浮云……

① 跟他们怎么解释他们也不明白，索性就不要讲了，随他们怎么想。

② 文章刚开了个头，就写不下去了，他呆呆地坐在桌前，索性不写了。

（索性+否定式）

③ 既然已经开始着手准备了，索性就进行下去。

④ 我在书店碰到了这本书，随便翻一翻就放不下了，索性买回去仔细研读。

（索性+肯定式）

“索性 + 动词短语”，此种用法比较多见。

⑤ 她知道赶不上这一班火车了，就索性一个人找了家旅店住了下来。

⑥ 他像喝多了酒，脑子里昏昏沉沉的，什么事也想不出头绪来，索性什么也不去想了。

“索性 + 主谓短语”，此种用法不多见。

二 词语辨析

1. 滋味　味道

滋味

◎上品是上品，在座的其他同行，喝了也就喝了，说他们是猪八戒吃人参果——全不知滋味，未免糟蹋诸位。

① 听到了这个消息，他的心里有一股说不出的滋味。

② 我们都只是在不经意间，从普通的生活中体会到幸福的滋味。

③ 当伤害发生在别人身上时，旁观者往往体会不到痛苦的滋味。

④ 他和妻子都顺利谋到了一份薪水不低的好差事，生活过得有滋有味。

味道

⑤ 只有在草原牧区，才能喝到味道这样香甜的奶茶。

⑥ 那人喷了香水，再加上挤车流汗，香味与汗臭混合的味道怪怪的。

⑦ 她傲慢地坐在那里，言语中分明有一种讽刺挖苦的味道。

⑧ 我非常喜欢听人讲旧事，特别是坐在热炕头听，是非常有味道的。

异同归纳		滋味	味道
同	词性	名词	
	词义	本义指味觉器官所得的酸、甜、苦、辣、咸等感觉。 引申指事物给人的心理感受。	
	感情色彩	中性	
	语体风格	通用于口语和书面语。	
异	词义侧重	着重指人的味觉所能感觉到的味儿，多是感觉更深的，品尝出的味儿。 课文例句、例①	着重指人的味觉、嗅觉所能感觉到的味儿。 例⑤⑥
		引申为某种含蓄的意思、意味；比喻人生感受到的酸甜苦辣。 例②③④	引申为某种含蓄的意思、意味，多指事物本身的意味。 例⑦⑧
	词义范围		比“滋味”宽，比喻义比“滋味”少用。
	搭配对象	指好的、坏的感受都常见： 幸福的、自由的、喜悦的、 友好的、荣誉的、成功的； 痛苦的、束缚的、忧伤的、 离别的、耻辱的、失败的…… 例②③④	多指不好的意味： 讽刺的、挖苦的、嘲笑的…… 例⑦
	习惯用语	有滋有味：引申指（日子）过得顺心、舒适。 例④	有味道：引申指有趣、有感觉的。 例⑧
	语音	可儿化：zīwèir	

2. 热衷　热心

① 目前急需一批具有一定文艺专长、热心/热衷群众文体活动的人来指导与提高群众文体生活水平。

② 这位热心/热衷于慈善事业的企业家，总是尽自己的所能帮助那些生活在贫困线以下的人。

热衷

◎ 因此，日本人来表演茶道，我敬佩，但从不热衷。

③ 令人吃惊的是，现在许多外国同行可以直接用汉语与我们交谈，“老外”热衷学汉语已经形成一股潮流了。

④ 曹先生热衷于从事科普工作，很早就开始从繁忙的工作中挤出时间来亲自创作科普著作。

⑤ 仰靠着丈夫生存，对这位热衷名利的女人来说无疑是一件痛苦的事。

热心

⑥ 应该感谢所有热心于改革的人们，是他们不懈的努力，使中国这样一个人口众多、历史悠久的大国能够发展到今天的水平。

⑦ 一位热心观众给中央电视台的热线打来了电话，举报了有关情况，为进一步进行深入调查提供了有利的线索。

<table>
<tr><th colspan="2">异同归纳</th><th>热衷</th><th>热心</th></tr>
<tr><td rowspan="4">同</td><td>词义</td><td colspan="2">表示十分喜欢做某事，有热情、有兴趣、肯尽力。</td></tr>
<tr><td>常用格式</td><td>热衷于</td><td>热心于</td></tr>
<tr><td rowspan="2">搭配对象</td><td colspan="2">用于正当的、有益的事情。</td></tr>
<tr><td colspan="2">文体活动、公益事业、文学创作、学习、工作、教育……　例①②</td></tr>
</table>

续表

异同归纳

		热衷	热心
异	词性	动词	形容词
	词义侧重	着重于有兴趣，十分爱好。 例③④	着重于态度积极热情，十分尽力。 例⑥
		还用于对不正当的、无益事情的追求，含贬义，指急切盼望得到（个人的地位或利益）。 例⑤	
	搭配对象	名利、金钱、享乐…… 例⑤	对（某事）很热心。 例⑦

3. 败兴　扫兴

败兴

◎我这个人是属于那种点到为止的游客，没有什么太高的兴致，实在使东道主很败兴。

①该球场常常人满为患，必须预约，若贸然前往多半会败兴而归。

②越来越多的人喜欢到处走，而旅途中的食宿，却难尽人意，搞不好会乘兴出门，败兴而归。

③得知一家公司招聘文秘，我乘兴而去，结果却是败兴而归。

④原以为湖上可以划船，可却是一潭死水，我们乘兴而去，最终败兴而返。

⑤这个孩子性格十分压抑，天天没有个笑脸，甚至有些大人还不客气地说她是个败兴的孩子。

扫兴

⑥我断然起身拒绝了他的邀请，弄得他十分扫兴与不快。

⑦她跑遍了所有大商场，发现很少有适合自己的大号夏装，只得扫兴回家。

⑧原本打算中途退出的我，又怕因此扫了大家的兴，只好继续留在那里。

⑨ 出发前，好友小李打来电话，说她不去了，真是个令人扫兴的消息。

⑩ 俗话说“众口难调”，若是点菜不当，很可能是花钱费力，却没得到众人的欢心，结果让主客扫兴。

异同归纳		败兴	扫兴
同	词性	形容词	
	词义	形容兴致正高时因遇到不愉快的事情而情绪低落。	
异	语体风格	多用于书面。	通用于口语和书面语。
	词义侧重	着重于兴致全部被破坏，情绪骤然低落。 例①②	着重于兴致一下子全被扫除净尽，表达比较形象。
	词义轻重	较重。	
	常用格式	乘兴而来，败兴而归。 例①②③④	扫……兴 例⑧ 令/让……扫兴 例⑨⑩
	词义	〈方言〉倒霉，让人感觉不吉利的。 例⑤	

4. 关注　关心

关注

◎在茶水升腾起来的浓浓热气中，我发现他似乎更关注天空中那白云苍狗的变幻，……

① 和平是全世界人们共同关注的话题。

② 发生在1976年的唐山大地震，引起了国内外的广泛关注。

③ 时下，人们把受到普遍关注、共同谈论的问题称作“热点”。

④ 怎样保护环境及减少能源浪费都是当今国际社会关注的热点问题。

⑤ 目前我们的关注点应当放在怎样提高全民素质和全民生活水平上。

关心

⑥ 父母的关心对一颗脆弱的小心灵来说，往往能够代替任何良药。

⑦ 关心往往只是举手之劳，一颗细腻的心，一双观察的眼睛，就足够了。

⑧ 目前他关心的问题只有一个，那便是：每个学生是不是都安全回到了家。

⑨ 只关心自己成败而不在乎别人感受的人不能算做真正成功的人。

⑩ 现在的青少年关心的往往是眼前流行的服饰、娱乐信息等，而缺乏对自己未来的长远规划。

异同归纳		关注	关心
同	词性	动词	
	词义	对人或事物常放在心上，注意、重视。	
异	词义轻重	比“关心”程度重，常用于大的方面，既关心又重视。 例①②③④⑤	多用在日常事、物上。 例⑥⑦⑧⑨⑩
	句法功能	多半不带宾语。 例①②③④⑤	多带宾语。 例⑨
	搭配对象	多用于对事物，有时也可用于人，带有郑重、严肃的意味。 常用“共同、广泛、普遍……”修饰。 例①②③	对象较广，可以对事物，也可以对人。 例⑧⑨
	常用格式	引起……的关注、受到……的关注 例②③	
	习惯用语	关注点 例⑤	

三 词语搭配

1. 享有

一度～　　　　～良好的声誉

充分～　　　　～平等的权利

在群众中～　　～很高的威望

2. 糟蹋

胡乱～　　　　～时间　　　　～起……来

大手大脚地～	～财物	～下去
被……～	～自己的名声	～了一通

3. 花费

白白地～	～金钱	～掉
大量～	～精力	～在孩子身上
超额地～	～心血	把……～进去

4. 认定

坚决～	～目标	把……～下来
由专家～	～身份	～不了
经权威部门～	～他会成功	～一下

四 练习

（一）模仿例子组成新词

1. 肆意	____意	____意	____意	6. 一概	一____	一____	一____
2. 虔诚	____诚	____诚	____诚	7. 宁愿	宁____	宁____	宁____
3. 花费	____费	____费	____费	8. 认定	认____	认____	认____
4. 享有	____有	____有	____有	9. 热衷	热____	热____	热____
5. 败兴	____兴	____兴	____兴	10. 关注	关____	关____	关____

（二）选择适当的词语填空

滋味　味道　　热衷　热心　　败兴　扫兴　　关注　关心

1. 帅气的服饰和干练的动作让他全身散发出男子汉的________。
2. 消费者看到这些广告后，常常都想进店问个究竟，结果是可想而知，“乘兴而来，________而归”。
3. 当得知电视台将就近视眼的防治问题对他进行专访时，这位一向________于大众健康教育事业的医学教授欣然接受。

4. 这么重要的聚会，要是你这个重要人物不参加，岂不是________了大家的________？
5. 一般来说，品牌能够为公司赢得更多的________，并使消费者比较容易作出选择。
6. 失去自由的________不好受，自由和健康一样，是每个人都不可失去的。
7. 野外生存已日渐成为一种时尚，那些爱好冒险的老总们，十分________这充满挑战和刺激的运动，以此来为紧张的工作减压。
8. 母亲设法支持我读书，还经常教导我要正直勤奋、________爱护别人。

(三) 选择适当的四字词语填空

天壤之别	爱不释手	差强人意	繁文缛节
自然而然	不即不离	情有独钟	招摇过市

1. 摔破的地方不要让它沾水，伤口过几天____________就会好的。
2. 我也不知道她是怎么想的，我们的关系总是____________，是朋友，又好像是恋人。
3. 许多人都害怕婚事的____________，尤其是当代年轻人，为了简化婚礼的形式和程序，多数人选择了旅行结婚。
4. 我们这里的条件跟你们那儿比有____________，你们的房间浴室、空调、洗衣机什么都齐备，而我们这儿则都要自己准备。
5. 他拿着这本新书翻来覆去地看，看得他____________，很想买下来。
6. 当满街都是流行服饰、外贸衣衫的时候，她却仍然对中式服装____________。
7. 在第三轮的比赛中，该球队的表现____________，主场赢了一场球，客场两场比赛一平一负。
8. 一帮前卫的少年在玩儿滑板，背着大大的背包，迎着路人惊诧的目光，旁若无人地____________。

(四) 为四字词语选择适当的位置

1. 按捺不住

看到自己的朋友 A 被人欺负 B，他再也 C 心头的怒火 D，疾步冲进人群。（　　）

2. 自然而然

真正 A 的诗歌就是心灵 B 的歌声，是从内心深处 C 涌动出来、喷发出来 D 的。 (　　)

3. 情有独钟

她自幼 A 酷爱京剧艺术，尤其 B 对京剧张派艺术 C，由她参演的张派名剧，深受当地观众喜爱 D 。 (　　)

4. 郁郁葱葱

老人家见这僻静的深山中 A 林木 B，C 山坡上花草 D 茂盛 ，土质肥沃，便买下了这片荒山定居下来。 (　　)

5. 差强人意

那几幅 A 画儿都 B 不怎么样，只有这一幅 C 梅花还 D。 (　　)

（五）用指定词语完成句子

1. 作为科学界杰出的专家教授，他____________________。（享有）
2. 这幅举世闻名的国画巨作____________________。（花费）
3. 看着他对自己的关心置之不理，小王____________________。（索性）
4. 本来我们是想好好饱餐一顿的，____________________。（败兴）
5. 为一点儿小事就争论不休，____________________。（风度）
6. 只要肯多和家人、朋友交流，____________________。（自然而然）

（六）用指定格式完成句子

1. A：临近考试的日子里，我常常是彻夜难眠。

   B：____________________。（未免过分……）

2. A：这个宾馆看外部的装修还是挺新的。

   B：____________________。（形容词 + 不堪）

3. A：最近电视上一直在播放南方遭受洪灾的新闻。

   B：____________________。（引起……的关注）

4. A：____________________。（热衷于……）

   B：看上去他不像是那么庸俗的人啊？

5. A：________________________________。（一概不……）

B：怪不得人人都叫他“书呆子”呢。

（七）下面每句话都画出了 ABCD 四个部分，请挑出有错误的部分

1. 经专家们考查确定（A）：在古代文献上第一次出现“茶”与“茶具”字样的是西汉（B）王褒的《童约》，至今已有两千多年历史（C），比唐陆羽的《茶经》还早 800 多年（D）。 （ ）

2. 也许有人认为（A），在工业化、信息化了的今天（B），还去静静地品茶论道太未免固执了（C），那些袋装、罐装红茶绿茶自会填补现代人因忙碌而空虚的灵魂（D）。 （ ）

3. 药物的种类繁多，性质各异（A）。因此，不能认为一概用茶水服药都不好（B）。尤其是服用某些维生素类药时（C），茶水对药几乎没有影响（D）。 （ ）

4. 伴随着社会的发展和时代的进步（A），从普通百姓到都市贵族（B），越来越多的人开始关心茶文化的发展和进步（C）。近几年，仅在北京就涌现出大大小小的茶艺馆近千家（D）。 （ ）

5. 猜谜是中国古今长久盛行的传统文化（A）；茶，是中国人的“国饮”（B）。工作之余，约两三知己，品茗猜谜（C），真是一番别有滋味（D）。 （ ）

语法讲解与练习

一 选择复句

两个或几个分句分别说出两种或几种可能的情况，让人任选其一。

选择复句分为未定选择复句和已定选择复句。

◎一个人，该有的，都曾经有过，当然是幸福。或是，有过，后来又放弃了，那也没有什么；或是，压根儿就没有过，又怎么样呢，那也未必不是幸福。

◎守自己的方针，写自己的文章，一台电脑一杯茶；或索性什么也不写，品茶听门前流水，举盏看窗外浮云。

① 路那么远，我们要么坐车去，要么骑车去，走着去就太累了。

② 我们不是星期一见面，就是星期二，其他时间我都没空。

③ 或者你，或者我，或者大家都参加，你决定吧！

以上例句，有两种或多种可能可供选择，选择未定。

◎与其被导游领着鱼贯而入、聆听讲解，最后雀跃而去，我宁愿在走累了的时候，找一个喝茶的地方坐下来，这才是极惬意的赏心乐事。

④ 与其为别人打工，倒不如做自己的老板。

⑤ 天气这么好，在家里闲呆，还不如出去散散心。

⑥ 在魔术店里消费的顾客，与其说是在购买商品，不如说是在学习魔术。

（以上：舍弃前者，选择后者）

⑦ 她宁愿一辈子不结婚，也不愿嫁给那个自己并不爱的人。

⑧ 我宁可今天晚上开夜车，也要把这项工作完成。

⑨ 她宁肯自己多打几份工，也要去救助那些失学儿童。

（以上：舍弃后者，选择前者）

以上例句，已说出选定的其中一种，舍弃另一种，选择已定。

常用关联词

未定选择	数者选一	合用	或者/或/或是……，或者/或/或是…… 是……，还是……
		单用	或者　或是　或　还是
	二者选一	合用	不是……，就是…… 要么……，要么……
已定选择	先舍后取	合用	与其……，不如…… 与其……，宁肯/毋宁…… 与其……，还不如/倒不如……
		单用	倒不如　还不如
	先取后舍	合用	宁可/宁/宁肯/宁愿……，也不/决不/也要……

二 练习

(一)选择适当的关联词填空

是……，还是……　　与其……，不如……

或是……，或是……　　宁肯……，也要……

不是……，就是……　　宁愿……，也不……

……，或者……　　……，倒不如……

1. ______巧合，______有人有意为之，调查一下便会水落石出、真相大白了。
2. 跟随着流行趋势来选择自己的服饰，______选择适合自己的。
3. 现在的孩子们______风，______雨的，弄得家长们常常不知如何是好。
4. ______等天灾来临的时候再惊慌失措地应战，______趁早防范。
5. 炎热的夏日，她______一个人无聊地呆在家里，______愿到街上太阳底下挨晒。
6. ______你一个人，______让他陪同你去，反正这次会议你必须亲自参加。

7. 他________冒着逃课挨罚的危险，________看这场百年难遇的足球劲旅对抗赛。

8. 今天，________明天，最迟在这个周末之前你要把计划草案交给我。

（二）模仿例句，用指定关联词完成句子

1. 或是……，或是……

例：或是点评世道万象、平凡人生，或是坐在茶馆观人赏景，对我来说都是一种消遣，更是一种享受。

① 或是坚持自己的做法，________________________________。

② ________________________________，或是寂寞的时候，我都会听这首曲子。

③ A：这次你的报告打算选择什么方面进行调查？

B：________________________________。

2. 不是……，就是……

例：我们不是坚持下去，就是中途而返，全在于你目前的身体状况。

① 这对夫妻在一起不是吵架，________________________________。

② ________________________________，就是尽快通知他本人。

③ A：听到这个消息他会有什么反应呢？

B：________________________________。

3. 宁愿……，也不……

例：很多青年人为了求方便，宁愿选择瓶装凉茶，也不愿花费功夫沏上一盏清茶，细细品味。

① 他宁愿做有挑战性的工作，________________________________。

② ________________________________，也不愿每月花钱租房。

③ A：因为时间关系，明天我们再作进一步的研究和讨论吧。

B：________________________________。

4. 宁肯……，也要……

例：老人家宁肯走遍整个茶叶街、尝遍每个茶摊儿，也要买到上好的茶叶。

① 他们宁肯占用自己的业余时间，________________________。

② ________________________，也要保住这个秘密。

③ A：我觉得你还是应该主动向他道个歉。

B：________________________。

（三）按逻辑关系排列顺序

1. A. 穿梭在繁忙的公事之中
   B. 弄盏品茗、排忧解闷
   C. 与其每日脚步匆匆
   D. 还自己一个自在的空间
   E. 不如择一清雅的安静之所 ____________

2. A. 堪称人间“圣品”
   B. 水气、花香和着茶香
   C. 或是公园花苑等品香之所
   D. 或是河岸桥头等临水之地
   E. 茶馆一般选在有自然情趣之地 ____________

3. A. 如同油盐酱醋一样一天也不能少
   B. 他们宁肯少吃一顿饭
   C. 茶在蒙古人的生活中
   D. 可见茶在蒙古人生活中的重要性
   E. 也得喝上一口茶 ____________

4. A. 或听别人闲侃
   B. 即使他们互不认识
   C. 在南来北往的茶客中
   D. 也可以坐在一起
   E. 从不会感到寂寞
   F. 或加入其中 ____________

5. A. 是由于科技的发展
B. 已经容不下自然的神韵
C. 茶叶千古的幽香与沉静
D. 还是由于商业巨流的冲击
E. 很多人怕是再也无法领略了
F. 人们心灵的空间被生存占据

修辞提示与练习

一 仿词

汉语中，为了使自己描写的对象或论说的道理更加新鲜活泼、生动明快，扩大语言的表现力，带来语言的新奇感。在表达和写作中常常更换现成词语中的某个语素或词，仿造出临时性的新词语，这种修辞手法就是仿词。

仿词分为音仿和义仿两种类型。

◎他原来，烟曾经抽得多，甚至边打字边抽烟，酒也曾经喝得多，而且醉态可掬。

原词：憨态可掬；仿词：醉态可掬。

①11 月，广州还是秋高气爽，北国名城哈尔滨早已草木皆“冰”了。

原词：草木皆兵；仿词：草木皆冰。

② 看街头、巷口，那一群群的棋迷，悠然自得，真是乐在“棋”中啊！

原词：乐在其中；仿词：乐在棋中。

③ 郭沫若先生言曰：历史研究是“实事求是”，历史剧作是“实事求似”。

原词：实事求是；仿词：实事求似。

以上例句换用发音相同或相近的语素仿造新词语，属于音仿。

④ 希望大家积极支持文字改革，促进这一工作，而不是促退。

原词：促进；仿词：促退。

⑤ 在工作中，人际关系是一门不可缺少的学问，“内交家”必不可少。

原词：外交家；仿词：内交家。

⑥ 门前池塘中呈现一派西湖景象，我把西湖从杭州搬到燕园里来了，岂不大快人意也哉！

原词：大快人心；仿词：大快人意。

以上例句换意思相反或相似的语素仿造新词语，属于义仿。

注 意

仿词都是临时创造的，在形式上和被仿的词有近似的特点，内容上又富有新意。仿词和被仿的词往往同时出现，一般情况下，如果被仿的词不出现，单用仿词要加引号。仿词运用应该自然合理，否则就会成为生造词。

二 练习

分析各句的仿词类型及仿词效果，并指出原词与仿词

1. 身为女强人的丈夫，他已经甘心而且习惯于做一个“家庭妇男”了。

2. 过去，不识字叫做文盲。现如今，不懂科学技术，就要成为“科盲”。

3. 我不知道上了多少石级，一级又一级，登山，是乐趣也是苦趣。

4. 择业求职究竟是向前看，还是向“钱”看的问题，是当代大学生争论的焦点。

5. 在大多数年轻人看来，尽管茶也有苦、恬、淡、无四道滋味，但哪比得上可乐、咖啡、罐装乌龙茶的一步到“味”呢？

表达与写作

表达训练

1. 说明你支持将“茶”作为中国“国饮”的理由。
2. 中国的茶文化包含着怎样的内涵？
3. 你是否喜欢饮茶？吸引你的是它的哪些功能？
4. 在你们国家饮茶吗？饮茶的情况如何？
5. 在你们国家人们最喜爱的饮品是什么？有什么风俗习惯？

写作训练

试从以下选题中任选其一作文，题目自拟。

字数：不少于300字；要求：尽量参考并尝试使用课文里的重点词语。

第一题

一碗喉吻润，两碗破孤闷。三碗搜枯肠，唯有文字五千卷。四碗发轻汗，平生不平事，尽向毛孔散。五碗肌骨清，六碗通仙灵。七碗吃不得也，唯觉两腋习习清风生。（出自《七碗茶诗》唐 · 卢仝）

简单概括一下你所理解的中国“茶文化”。

第二题

简单介绍一下你们国家最主要的饮品及其所包含的文化内涵。

扩展空间

名家典藏

《茶》钟敬文

《喝茶》梁实秋

《品茶》贾平凹

《粗饮茶》张承志

《品新茶》李国文

媒体资源

http：// tea. zjol. com. cn（茶网）

http：// www. cnetea. net（中国茶网）

http：// www. teaw. com （中国茶文化网）

《中国茶文化》（DVD）齐鲁音像出版社出版发行

词语追踪

茶吧	茶叙	茶浴
茶馆艺术	茶文化	茶艺师

茶俗拾趣

饮茶健康歌

早茶明目，午茶助神，晚茶驱睡；
热茶解渴，温茶美人，凉茶爽口；
浓茶醒酒，淡茶生津；
姜茶治痢，糖茶合胃。

饮茶四季歌

春饮花茶，夏饮绿茶，秋饮青茶，冬饮红茶。

5 超越平凡

背景阅读与练习

一 限时阅读，按要求回答问题

限时：5 分钟

平凡的成功者靠的是脚踏实地、自我磨练、耐心等待、不急于求成，为今后的发展积累资本。相反，不少聪明人的期望太多太急，当不能立即出成果时，就变得消沉沮丧。一项研究发现，在校的学习成绩和日后的工作能力没有太大关系。而一些品格和能力，如：稳重、可信、动手能力、组织能力则比学习成绩更重要。

用人所长。一家大公司的经理说得很坦率："我的成功得益于那些聪明人。我总是把那些聪明人挑选出来。我使用他们，促进他们，当我们有所成就时，和他们共同分享荣誉。"一位公司女主管说："善于与他人合作是关键。我手下的人都比我聪明，我喜欢这种局面，我调解他们之间的纠纷，督促他们，使他们各尽其能。"打好基础，出色的普通人并不把眼睛盯在很高的职位，只是盯住比眼前的职位略高点儿的位置，这样他们就能拓宽自己的知识面，一步一个脚印地前进，而有些聪明人则做不到这点。

发挥你的特长。对智力至少有九种划分：数学、逻辑、外语、音乐、空间思维、运动，还有三项是：人与人之间的相互理解、如何实现理想和如何对待人生中的恐惧与障碍。所以，如果你的数学成绩不理想，也没有关系，因为也可能你很有筹划的能力，也许还有说服人的能力，经过培训，你可能会成为一名出色的谈判人员。

说到做到。一位律师在谈到自己的成功时说："这当然要归于我出色的法律专业知识，可我成功的根本原因是我一贯信守诺言。如果我答应了我的委托人在某日准备好一

份文件，到时就一定准备好。时至今日，有这种品质的人不多，而你具备了这种品行，人们就会认为你是个天才。”守信用是一种最好的能力，它能赢得别人的信赖。

从挫折中站起来。一位从事美容业广告咨询的女士说：“我在学校的学习还可以，但并不出色。我曾任一家公司推销部门的高级主任，但干了七个月就被解雇了。当时就像有人对准我的鼻子狠狠打了一拳。被解雇之后，我如同坐在火堆上，迫使自己去发挥创造力。”现在，她的业务大有起色，收入也不错，她很满意这种自己说了算的工作。

归根到底，有着普通头脑的人，高高地仰起头，在生活中满怀热情和信心，这是最了不起的。

判断正误（正确的画“√”，错误的画“×”）

1. 作者认为平凡的成功者靠的是自我磨炼、过高期望、耐心等待。（ ）
2. 研究发现：学习成绩和工作能力没有太大关系，重要的是品格。（ ）
3. 那位女主管认为出色的普通人一般都会把目标定在较高的职位上。（ ）
4. 文中提到理解别人、善于沟通也是一种特长。（ ）
5. 那位律师认为信守诺言已经是当今社会不可多得的好品质了。（ ）
6. 那位美容业的女士被解雇后，有人狠狠地打了她一拳。（ ）

选择正确答案

1. 那位公司的经理人提到的他与那些聪明人的关系不包括：（ ）
   A. 任用他们　　B. 促进他们
   C. 理解他们　　D. 挑选他们
2. 文中“一步一个脚印”是指：（ ）
   A. 耐心等待　　B. 脚踏实地
   C. 自我磨炼　　D. 急于求成
3. 文中第三段是为了说明：（ ）
   A. 善于发挥自己的特长　　B. 数学成绩不理想没有关系
   C. 人的智力有九种　　D. 说服别人的能力要经过培训

4. 文中“守信用”的意思是：（　　）

A. 有求必应　　B. 遵守诺言

C. 信任别人　　D. 相信自己

5. 文中“如同坐在火堆上”是指：（　　）

A. 失业后每天都觉得很热　　B. 失业后正是炎热的天气

C. 失业后内心焦急的感觉　　D. 失业后很羞愧的心情

6. 下列关于成功的方法错误的一项是：（　　）

A. 用人所长　　B. 发挥特长

C. 信守诺言　　D. 逃避挫折

简单概括作者所提到的平凡人成功的方法。（不超过25个字）

二　阅读后按逻辑关系排列顺序

A. 而更为直接，也更加切身相关的，是如何以自己的所在、所有、所能，在有限的人生中求得最大发展，在这一过程中找到自我。

B. 如果你属于人类群体的主流，那你就属于那没有灵感的百分之九十九，那么你对这百分之一的天才也就只能望尘莫及了。

C. 谈到成功，人们总爱引用爱迪生的话，“天才人物的成功是百分之一的灵感加百分之九十九的汗水。”可是，这百分之一的灵感是那百分之九十九的人所没有的。

D. 因此，对于这个主流来说，人生的挑战不是如何去改变世界，也不是怎样在历史上留下足迹。

重新排序＿＿＿＿＿＿＿＿＿＿＿＿＿＿＿

三 阅读后按要求回答问题

平凡但决不能平庸

平凡与平庸（yōng 寻常而不突出）是生活的两种状态。

平庸是一个老迈的词，这个世界上不该存在平庸的年轻人，因为他们如此幸运，时刻都有超越平庸的时间与机会。使一个人平庸的原因只会是他的心态，就像在一场田径比赛中，没有人认为最后一名是平庸的，因为他在奔跑，他的血液沸腾着，他的目光是灼热的，我们几乎很少看到比赛中的最后一名满脸羞愧，因为他以同样的尊严与热情跑过终点。而一个连上场跑一跑的勇气都没有的人，一个以消极心态面对平凡的人，才是一个真正的平庸者，其悲哀是他将永远是看客，永远一无所有。这个世界上，绝大多数的人，终生都奔跑在从现实赶往梦想的路上，他们可能终未得志，但奔跑的过程本身就是一种伟大。生命的魅力就在这奔跑之中，享受生命，就是享受平凡。

平凡是生命常态。平凡并不可耻，但人不能平庸。在平凡的事情中做出不平凡的成绩来，把每件平凡的事情都做得很好，就是不平凡。对待工作，一是不要轻视平凡；二是不要把平凡工作做成平庸。不要满足于尚可的工作表现，要做最好的，你才能成为不可或缺的人物。埋下头去做一个平凡的人，努力从平凡的小事做起。只有牢牢地把握住了今天，才能迎来明天的成就。

平凡和卓越只有一线之隔。所以没有人注定平凡，也没有人生而卓越，不同的只是面对生活的态度。积极使人平凡变卓越，消极让人卓越变平庸。平凡的人乃是一种无过高期望但又极认真生活的一种人。首先态度是乐观的，将人生视为一种在不断奋斗中的历练，经得起大起大落，能够以宽容的胸怀善待一切。总是将复杂的事简单做，简单的事重复做，重复的事快乐做，快乐的事用心做。平凡的人安于平凡的生活，却在做着不平凡的努力。伟大来自平凡。许多伟大的事业或成就都是通过不经意的小事不断地积累而来的。而平庸的人不安于平凡，却因为放弃努力，不得不过平凡的生活。有无数人因为没有头脑和判断，没有自己的计划和目标，逃避自己应该负起的责任，而养成了轻视工作、马马虎虎的习惯，以及对手头工作敷衍了事的态度，终致一生不能出人头地。每个人都应该把自己看成是一名杰出的艺术家，而不是一个平庸的工匠，应该永远带着热情和信心去工作。这样，你就会从平凡走向卓越。

作者认为平凡和平庸的根本区别是什么？（不超过 50 个字）

作者的基本观点是什么？（不超过 50 个字）

课　文

课文导读

在生活的旅程中，总有人会给我们留下难以忘怀的印象。对于作者，王老师就是这样一个人。在某个农村小学任职的王老师，多才多艺，不仅仅让学生，而且让身边的所有人都叹服。他能够掌握自己的生活，这足够骄傲，可是他又同时能够淡定地生活。在那个年代，那种环境下，磨炼出了王老师这样有志气的人。

思考题

1. 在中国你是否有接触过的令你佩服的普通人？
2. 在你本国的朋友中是否有让你佩服的人？
3. 你认为什么样的人是一个成功的人？

不仅仅是左手

池莉

17 岁那年秋天，我被下放到农村做知青①，几个月之后，被选拔到大队小学教书。第一天上课，学生就不怕我。三年级的学生就有与我同年出生的。五年级毕业班的音乐、体育、美术课，我高低都没有办法顺利进行，两三个完全无组织、无纪律的男生，个子比我大，下巴上都长了胡子，这个冬季就要娶亲了。

校长鼓励我不必怕学生。他说："怕什么怕？他们再大，你是老师，他们总是学生，天下还有学生大得过老师去不成！"校长从打扫操场的大扫帚②上抽出一根最长的竹条子，交给我，要我向王老师学习。

我们学校的王老师，男，中年人，大个子，宽肩膀，胡子拉碴，寡言少语，非常威严。王老师走路总是甩开膀子迈大步，模样好生③坦然潇洒，好像条条道路都是为他

---

① 知青：知识青年。指受过学校教育，具有一定文化知识的青年人。特指二十世纪六七十年代到农村或边疆参加农业生产的城市知识青年。

② 扫帚（sàozhou）：除去尘土、垃圾等的用具，多用竹枝扎成。

③ 好生：〈方言〉多么；很；极。

开的。以至于我们大队的广大贫下中农①，凡路上遇见王老师，都要先行问候，都要为他让路，还要夸他教书教得好。王老师的书，就是教得好，他班里毕业的学生，珠算②打得风流水转，出了校门就可以当一个小队会计。对付最顽皮的男生，王老师一向只用一只手——左手。王老师不是左手力气大，主要是轻重感觉好。王老师用左手抓住调皮学生的衣服把学生拎起来，略微用一点儿力，从窗口轻轻扔出去，从来没有把学生摔出事情来。贫下中农谁家有一个甚至多个不爱念书的调皮小子，爹娘③也都不担心，大家都是指望王老师整治。王老师只这左手的一扔，多年的威信就建立起来了。

乡村教师

然而，作为教师，仅有武力是不够的，在乡村学校，尤其不够。最终人人还是要看你有没有本事。有本事的人，随你打骂，那是替自己管教孩子；没有本事的人，你弹他孩子一个指头，那就是欺负孩子的爹娘了。最初，我以为王老师之所以有威信，之所以受尊重，就是因为他的左手和珠算。后来，我慢慢发现，王老师还写得一手漂亮的板书，语文、数学、体育、美术，他可以一个人包办，门门功课都教得好，除了唱歌——贫下中农不认为唱歌是一门功课，因此非常认可王老师的班级不教唱歌。同时，王老师还会修雨伞，做木工，打草鞋，箍水桶，烧锡补焊。王老师有一只工具箱，那简直就是百宝箱，他想要钉子就可以掏出钉子，他想要铁皮就可以掏出铁皮，任何困难都难不住他。要过春节了，村里家家户户请王老师写对联。也总有一些人家会贴别人写的对联，这就更为王老师提供了比较，贫下中农过春节有的就是时间，又没有什么娱乐，大家成群结伙到处闲逛，挨家挨户比较对联。这一比较，显然还是王老师的字好。四村八里的人家婚丧嫁娶，也都要请王老师去做司仪④，如果发生了什么意外，厨子来不了，王老师也当厨子，王老师从打豆腐到红案⑤，都做得得心应手。一般凡有人请，王老师是有求必应。但凡王老师应了的事情，一概都做得利索、漂亮。而他自己呢，则又有一条人生的座右铭，

① 贫下中农：完全没有土地或只有少部分土地和一些小农具的人。
② 珠算：用算盘计算的方法。
③ 爹（diē）娘：〈方言〉父亲母亲。
④ 司仪：举行典礼或召开大会时报告进行程序的人。
⑤ 红案（～儿）：厨工的分工上指做菜的工作（区别于做主食的工作：白案）。

便是：万事不求人。王老师是从来不去麻烦任何人的，因为他自己什么都会做。他就是自己生活的创造者。

我十七岁的时候，见识了王老师，当时是十分钦佩的，觉得他做人做得好生响亮和牛气啊！但是，真正认识到王老师的价值，却是在多年之后。那是在我大学毕业了，工作了，成家了，在扑面而来的现实生活面前常常捉襟见肘，便一次又一次地想起了那所乡村小学的王老师。在琢磨中，我终于明白，一个人想要掌握自己的生活，想要骄傲，又淡定，是何等不容易啊！在那赤贫的年代，王老师仅凭一只小小工具箱，就创造与修补着他自己的生活、学校的生活和乡亲们的生活，他该付出了多少智慧、勇气、精力与辛劳！三十年过去了，王老师依然是我迄今为止见到过的，唯一一个有气魄、有能力掌握自己全部生活的人，唯一一个最贫穷却最有志气的人。有志才可以帅气，故一个贫穷的乡村小学教师，才是那么地神气，那么地体面，那么地受人尊重。一年四季中有三个季节他都是打赤脚或者穿草鞋，但是好像条条道路都是为他开的，条条道路都恭候着昂首挺胸的他。从王老师身上理解和领会到的道理，成了我人生最重要的教诲。由此我懂得，一个人，无论穷与富，都应该做一个有志气的人。有志气才有体面与高尚。有体面与高尚才有真正的美丽。这美丽，仿佛太阳、月亮、森林与鲜花，天然大方，超凡脱俗；使自己怡然自得，让懂得它的人赏心悦目；一个人这么活一辈子，便够了。

（有删改）

思考与回答

1. 王老师的威信是怎样建立起来的？

   潇洒　整治　对付　顽皮　略微

2. 王老师有什么“本事”呢？

   一手　认可　利索　箍　焊

3. “我”为什么十分钦佩王老师？

   得心应手　有求必应　淡定

4. “我”真正认识到的王老师的价值是什么呢？

   何等　气魄　体面　志气　教诲

5. 文中“这美丽”指的是什么？

高尚　　超凡脱俗　　赏心悦目

池莉，女，生于1957年，湖北人，现居武汉，中国作家协会会员，在中国当代文学界具有极高的知名度。她的作品多次获全国各种文学大奖50余项。其创作的《来来往往》、《口红》、《小姐你早》、《生活秀》等多部作品被改编成影视剧。

池莉1974年高中毕业，曾做过知青、乡村小学教师。那时她才十七岁，碰到有的学生比自己还大，总感觉镇不住场面，一度忧郁并困惑过。

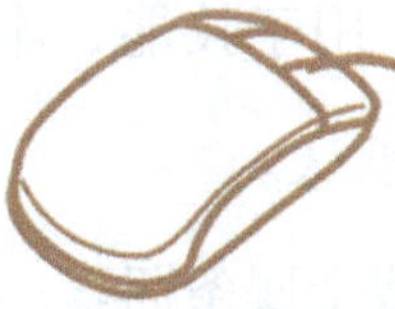

背景链接

词语

1.	下放	xiàfàng	（动）	把干部调到下层机构去工作或送到农村、工厂、矿进行锻炼。
2.	选拔	xuǎnbá	（动）	挑选（人才）。
3.	同年	tóngnián	（名）	同一年。
4.	高低	gāodī	（副）	无论如何。
5.	威严	wēiyán	（形）	有威力而又严肃的样子。
6.	甩	shuǎi	（动）	挥动。
7.	模样	múyàng	（名）	（～儿）人的长相或装束打扮的样子。
8.	潇洒	xiāosǎ	（形）	（神情举止）自然大方，不呆板，不拘束。
9.	先行	xiānxíng	（动）	先进行，预先进行。
10.	对付	duìfu	（动）	应付，对人对事采取措施、办法。

11. 顽皮	wánpí	（形）	（儿童、少年等）爱玩儿爱闹，不听劝导。
12. 略微	lüèwēi	（副）	表示数量不多或程度不深。
13. 小子	xiǎozi	（名）	〈口语〉男孩子。
14. 指望	zhǐwang	（动）	一心期待；盼望。
15. 整治	zhěngzhì	（动）	为了管束、惩罚、打击等，使吃苦头。
16. 威信	wēixìn	（名）	威望和信誉。
17. 武力	wǔlì	（名）	强暴的力量。
18. 弹	tán	（动）	一个指头被另一个指头压住，借这个力量接触物体。
19. 一手	yì shǒu		（～儿）用于技能、本领等。
20. 认可	rènkě	（动）	许可，承认。
21. 箍	gū	（动）	用竹篾或金属条捆紧；用带子之类勒住。
22. 焊	hàn	（动）	用熔化的金属把金属工件连接起来或修补金属器物。
23. 挨	āi	（介）	顺着（次序）。
24. 但凡	dànfán	（副）	凡是；只要是。
25. 利索	lìsuo	（形）	（言语、动作）灵活、反应迅速，简洁、干脆。
26. 座右铭	zuòyòumíng	（名）	写出来放在座位旁边的格言，泛指激励、警醒自己的格言。
27. 见识	jiànshi	（动）	接触事物，扩大见闻。
28. 钦佩	qīnpèi	（动）	敬重，佩服。
29. 牛气	niúqi	（形）	〈口语〉形容自高自大的骄傲神气。
30. 琢磨	zuómo	（动）	思索；考虑。
31. 淡定	dàndìng	（形）	不追求名利，镇定从容。
32. 何等	héděng	（副）	用感叹的语气表示不同寻常；多么。
33. 赤贫	chìpín	（形）	穷得什么也没有。
34. 乡亲	xiāngqīn	（名）	对农村中当地人民的称呼。

35. 迄今	qìjīn	(动)	到现在。
36. 气魄	qìpò	(名)	做事的魄力。
37. 志气	zhìqi	(名)	求上进的决心和勇气；要求做成某件事的气概。
38. 体面	tǐmiàn	(形)	光荣；光彩。
39. 尊重	zūnzhòng	(动)	尊敬或重视（个人、集体或有关的抽象事物）。
40. 赤脚	chì jiǎo		光着的脚。
41. 恭候	gōnghòu	(动)	敬辞，恭敬地等候。
42. 教诲	jiàohuì	(动)	〈书面语〉教训，教导。
43. 高尚	gāoshàng	(形)	道德水平高。

四字词语

1. 胡子拉碴	húzilāchā	形容满脸胡子未加修饰。
2. 寡言少语	guǎ yán shǎo yǔ	很少说话。
3. 得心应手	dé xīn yìng shǒu	心里怎么想，手就能怎么做，形容运用自如。
4. 有求必应	yǒu qiú bì yìng	只要有人请求就一定答应（做）。
5. 捉襟见肘	zhuō jīn jiàn zhǒu	拉一下衣襟就露出胳膊肘儿，形容衣服破烂，也比喻困难重重，应付不过来。
6. 超凡脱俗	chāofán tuōsú	超出平常，不沾染庸俗之气。
7. 赏心悦目	shǎng xīn yuè mù	指因欣赏美好的情景而心情舒畅。

词语讲解与练习

一 词语例释

1. 高低

副词 多用于口语。

◎五年级毕业班的音乐、体育、美术课，我高低都没有办法顺利进行，……

① 我们想送些钱物帮助家境贫寒的他，可是他高低不肯接受。

② 小刘坐在一旁沉默不语，高低也不承认这个小失误是由他引起的。

③ 要是王教授知道了你的观点，他是高低不会同意的，肯定要好好儿跟你理论一番的。

表示不因任何条件而改变；意思相当于“无论如何”。

④ 他把家里里外外，翻了个底朝天，高低找到了那纸证书。

⑤ 她把吃奶的劲儿都用上了，高低还是没有通过考试。

⑥ 会议的组织者几乎动用了所有关系网，高低还是把那位专家请来了。

〈方言〉表示经过一个过程后发生或实现；意思相当于“终究、到底”。

名词

⑦ 一个人受教育程度的高低往往对他的社会地位有决定性作用。

指高低的程度。

⑧ 参加竞选的这两位候选人水平相当，简直难分高低。

指高下。

⑨ 本以为这是一项简单的任务，不知高低，一口答应下来，现在才发现其实还是相当有难度的。

指深浅轻重的程度。

2. 略微

副词　表示程度不高，数量不多，时间不长。跟“稍微”相同。

◎略微用一点儿力，从窗口轻轻扔出去，从来没有把学生摔出事情来。

① 我的汉语说得不太好，英语也只是略微懂一些，交流很不方便。

② 这个老厨师只要略微尝尝，便知道菜里都加入了什么料，真是神了！

“略微 + 动词”，后面常常跟表示不定量的数量词（一点儿、一些、一会儿、几）或表示少量、短时的动词重叠形式（ABAB、AA、A了A、A一A）配合使用。

③ 今天是个重要场合，我们是不是应该穿得略微隆重一点儿。

④ 她毕竟不是故意的，你说话还是略微客气一些的好。

“略微 + 形容词”，后面只能跟“一点儿”“一些”等配合使用。

⑤ 刚开始表演的时候，这个新演员略微有些怯场，后来渐渐就放松了。

⑥ 妈妈总感觉他最近略微有点儿不对劲儿，也不知道发生了什么事儿。

“略微 + 有点儿/有些 + 动词/形容词”，多用于不如意的事情。

⑦ 上课时，哪个孩子的注意力略微不集中，老师都能及时发现。

⑧ 这么精密的生产工序，只要略微不注意，就可能造成不堪设想的损失。

⑨ 对别人的态度略微不礼貌，都会影响你在别人心中的印象。

略微 + 不 + 动词/形容词

3. 一手

◎后来，我慢慢发现，王老师还写得一手漂亮的板书，……

① 他精通中文，会讲英语、法语和西班牙语，还弹得一手好钢琴。

② 哥哥一手好枪法，左右开弓，百步穿杨；弟弟武艺高强，尤其使得一手好剑法。

③ 那些不怕苦不怕累，苦练一手专业技能的下岗工人，凭自己的坚强毅力和诚实品德，终于又在新的岗位上创下了一番事业。

“一手”常修饰表示技能或本领的词或短语。常用“动词 + 得一手……”的格式。有时“一”也可以省略。

名词

④ 商场如战场，这些年，他在其中越战越勇，看来的确有一手。

（~儿）指一种技能或本领。

⑤ 小王这小子看不出来，还有这一手，我们差点儿都被他骗了。

⑥ 我们是朋友，你还和我来这样一手，真是太不够朋友了。

（~儿）指耍的手段、用的小技巧。

副词

⑦ 三个儿子的婚事都是由他们的母亲辛辛苦苦一手操办的。

⑧ 这家公司能有今天的辉煌成就，全是靠他一个人一手经营起来的。

⑨ 影星们的饮食起居、公务活动往往都是由他们的经纪人一手包办的。

表示一个人单独地。

4. 何等

副词　用感叹的语气表示不同寻常；多么。

◎ 在琢磨中，我终于明白，一个人想要掌握自己的生活，想要骄傲，又淡定，是何等不容易啊！

① 只有他自己才知道这些年是何等地辛苦、何等地艰难。

② 听他的口气，是何等地自信，看来应该有十足的把握。

③ 俗话说：“湖南人怕不辣”，可见湖南人是何等不怕辣，又是何等爱吃辣。

“何等 + 形容词/形容词短语”，“何等”后可加“地”。

疑问代词　意思是“什么样的”。

④ 是何等人物，这样目中无人，把自己的利益看得高于一切？

⑤ 蓝天不蓝、碧水不碧，足见我们的环境污染已经糟糕到了何等程度。

⑥ 实践对于我们的科学论证具有何等的重要性是无须再多反复说明的。

二 词语辨析

1. 指望 盼望

指望

◎贫下中农谁家有一个甚至多个不爱念书的调皮小子，爹娘也都不担心，大家都是指望王老师整治。

①英子是父母的掌上明珠，父母一心指望着这孩子将来学业有成。

②老人家还有点儿老脑筋，觉得接他的木匠手艺的，还得指望男子汉。

③他这样拼命地做工，只因全家老小的生活都得指望他呀。

④卖了这一车粮食，换一些年货回来，他带着一家人的指望出发了。

⑤几番应聘，几番失望，让小黄觉得找工作的事似乎已经没指望了。

盼望

⑥孩子们早早地就站在房门口，盼望着自己的父亲归来了。

⑦达尔文、牛顿、爱因斯坦等人早已成为我的青春偶像，我盼望自己将来能成为像他们那样的科学巨匠。

⑧教生物的乡村女教师终于领到了一台盼望已久的显微镜。

⑨她早就盼望能够早一点儿回到家乡，回到亲人的身边。

⑩病人早已坐在床边，急切地盼望这位老专家给自己看上一眼。

异同归纳		指望	盼望
同	词性	动词	
	词义	表示希望达到某种目的或出现某种情况。	
	句法功能	作谓语，宾语可以是主谓短语。 课文例句、例①	

续表

异同归纳		指望	盼望
异	词义侧重	着重于因满怀希望而一心期待。	着重于深情地、深厚而急切地希望和等待。
	语体风格	口语	书面语
	句法功能	宾语是主谓短语时，主谓短语的主语与句子的主语往往不同，也可以是名词、代词，包括指人的名词、代词。 例①②③	宾语是主谓短语时，主谓短语的主语与句子的主语可不同，也可相同，相同时主谓短语的主语可以省略。 例⑦⑨
	搭配对象	一心指望…… 例①	盼望已久、早就盼望、急切地盼望…… 例⑧⑨⑩
	词性	名词	
	词义	期待、盼望出现的情况，可能实现的良好愿望。 例④	
	常用格式	有/没有指望：表示实现美好愿望的可能性。 例⑤	

2. 认可　许可

认可

◎……贫下中农不认为唱歌是一门功课，因此非常认可王老师的班级不教唱歌。

① 经过进一步的商讨，双方公司的代表最终都认可了这套方案。

② 他的卓越努力和杰出的才能很快就得到了业内人士的认可。

③ 旅游高等职业教育尽管是旅游教育的重要组成部分，但还是受到世俗观念、发展程度、社会认可程度等因素的影响。

④ 他做梦也没有想到，自己的抽象画一展出就获得了大家的广泛认可。

⑤ 观众认可度一向是评价一档节目是否受欢迎的首要标准。

许可

⑥ 没有得到您老人家的许可，我怎么能轻易改变屋子里的装饰呢？

⑦ 今年下半年，如果时间许可，我想在回国前再去几个风景区逛上一圈儿。

⑧ 只有经过专门负责人员的许可和帮助，你才能进入这个软件系统。

⑨ 按规定，在事情没有调查清楚之前，任何人未经许可不得离开这个房间。

异同归纳		认可	许可
同	词性	动词	
	词义	表示同意某事、某种行为。	
异	词义侧重	着重于同意某件事情的可行性、某种行为的正确性，承认其价值，多指被人或集体、组织、社会认可。 例①②③④⑤	着重于同意、允许别人的要求，可以是被人、集体、组织允许，也可以被条件、时间、环境、政策等抽象因素允许。 例⑥⑦
	搭配对象	广泛…… 例④	
	常用格式	得到、获得…… 例②④	得到、获得、经过…… 例⑥⑧
	习惯用语	认可度 例⑤	未经许可 例⑨ 许可证

3. 见识　见闻

见识

◎ 我十七岁的时候，见识了王老师，当时是十分钦佩的，觉得他做人做得好生响亮和牛气啊！

① 水平的高下，见识的深浅，直接决定着一个人待人接物的态度。

② 虽说母亲是标准的农家主妇，但是她的见识一点儿都不短浅，坚持送我们接受教育。

③ 双语夏令营既可以增长孩子们的见识，又能让他们多接触外语环境。

④ 老年人因历经沧桑，饱受坎坷，故而见多识广，经验丰富。

⑤ 大家都聚集在李老师的后面，想见识见识这位新老师有什么高明之处。

见闻

⑥ 他们一两个月见一次面，交流一下各自的见闻、读书进展和学习心得。

⑦ 这位探险家讲述的丛林见闻，引起了在场同学的阵阵惊叹。

⑧ 这些图文作品都真实记录了战争年代人们的亲身见闻和感受。

⑨ 记者通过采访期间的所见所闻，感受到了“中国文化月”活动在法国社会各界的热烈反响。

⑩“百闻不如一见”，只有进行实地考察，才能正确提供最真实的依据。

异同归纳		见识	见闻
同	词性	名词	
	词义	指见到的、听到的。	
异	词义侧重	着重于了解到、认识到的事和由经历得来的知识。	着重于所看见、所听闻的事。 例⑥
	语体风格	通用于口语和书面语	多用于书面
	搭配对象	形容词：深浅、短浅、狭窄…… 例①② 动词：增长…… 例③	交流讲述、记录、写…… 例⑥⑦⑧
	习惯用语	见多识广 例④ 远见卓识（远大的眼光，优秀的、超出一般的认识）	所见所闻 例⑨ 百闻不如一见 例⑩
	词性	动词	
	词义	接触事物、扩大知识。 例⑤	

4. 气魄　气概

气魄

◎三十年过去了，王老师依然是我迄今为止见到过的，唯一一个有气魄、有能力掌握自己全部生活的人，唯一一个最贫穷却最有志气的人。

① 这个旅行社的业务从旅游向国际交流发展开去，真是大气魄、大视野。

② 他的散文情感深厚、滋味浓重，但是似乎缺少了一些大家的气魄。

③ 雪后的原野，一片白茫茫，树木林立，是多么有气魄的画面啊！

④ 我听过他的演讲，从他的言词中我感到了一种宏伟的气魄。

⑤ 几万个百万富翁，奉献社会，造福人类，这是何等的气魄啊！

气概

⑥ 这种不怕牺牲的大无畏的英雄气概，受到众将士的一致好评。

⑦ 紧张的气氛骤然加剧，我那男子汉的气概也不知躲到哪里去了。

⑧ 凭着崇高的理想、豪迈的气概，克服困难不也是一种享受吗？

⑨ 屋顶和回廊圆柱的艺术装饰，使整个大会堂显示出雄伟的气概。

⑩ 黄河波涛汹涌，滔滔东去，以那一往无前的非凡气概汇百川、聚千流。

异同归纳		气魄	气概
同	词性	名词	
	词义	指人的言语行为所表现出来的精神风貌，既有外在的力量，也有内在的力量；也指事物表现出来的气势。	
	语体风格	书面语	

续表

异同归纳		气魄	气概
异	词义侧重	着重指人的精神气量、敢作敢为的魄力。 课文例句	着重指人在对待重大问题或紧要关头表现出来的态度举动。 例⑥
		除用于建筑、山河、原野，还可以用于声音、作品、事业、场面。 例①②③④⑤	事物从形态、景象上表现出来的气势，多用于建筑及山河等自然景色。 例⑨⑩
	词义范围	适用范围比较广。	
	搭配对象	大、小、宏伟、宏大、…… 例①④ 缺少、有/没有…… 例②③	英雄、革命、英勇无畏、男子汉、豪爽、昂然…… 例⑥⑦⑧

三 词语搭配

1. 下放

完全～	～权力	～一回
尽量～	～主动权	把……～给……
大胆～	～管理权	把……～到……

2. 选拔

共同～	～干部	～到这个职位上来
精心～	～人才	把……～上去
由……～	～运动员	把……～出来

3. 钦佩

无比～	～……的勇气	～的目光	令人～
万分～	～……的精神	～的神情	让人～
非常～	～……的能力	带着～的心情	值得～

4. 琢磨

仔细～ ～意思 没～过来

反复～ ～……的话 ～出一个办法

难以～ ～……的想法 ～了很久

四 练习

(一) 模仿例子组成新词

1. 见识 ____识 ____识 ____识
2. 志气 ____气 ____气 ____气
3. 指望 ____望 ____望 ____望
4. 武力 ____力 ____力 ____力
5. 选拔 选____ 选____ 选____
6. 同年 同____ 同____ 同____
7. 何等 何____ 何____ 何____
8. 气魄 气____ 气____ 气____

(二) 选择适当的词语填空

指望 盼望 认可 许可 见识 见闻 气魄 气概

1. 早听说了他的“烹饪大师”的美名，真想什么时候________一下他的厨艺。
2. 听完我们的调查报告，这位专家皱紧了眉头，好像不太________我们的结论。
3. ________已久的时刻来到了，谁也没想到这一激动的时刻竟然转瞬即逝。
4. 已经十八岁了，自然应该有成熟的作风和________，这样才能赢得广泛的认可。
5. 每个人都不能________别人为自己设计人生，要想获得成功，就得自己努力。
6. 这本游记记录了作者的旅途________、风土人情、山川景物和名胜古迹等。
7. 她为丈夫在关键时刻表现出的勇猛________和无畏精神而骄傲。
8. 该产品符合要求，早已被认定为绿色 A 级产品，________使用绿色食品标志。

(三) 选择适当的四字词语填空

得心应手 有求必应 捉襟见肘 超凡脱俗 赏心悦目

1. 自妻子下岗后，我们一家三口的日子已过得____________了。

2. 任何用画笔绘出来的面孔都不及她那种天然的、__________的美丽。
3. 大学毕业后，王震就对计算机特别痴迷，用起各种软硬件来__________。
4. 从一个人的气质风度中可以看到一种文化修养，能让人__________。
5. 老李是个热心肠，朋友同事们开口求到的事他几乎是__________。

（四）为四字词语选择适当的位置

1. 得心应手

他打算自己 A 接管公司，不但技术方面 B 熟悉，C 做起来 D ，而且作为公司的合伙人，对公司的状况也很了解。（　　）

2. 有求必应

父母对她花钱的事 A ，从来都能 B 做到 C ，可就是没有时间陪她，渐渐地她感受到缺乏 D 关爱。（　　）

3. 超凡脱俗

佛教 A 追求的是 B 一种 C 的理想境界。因此，寺庙的选址除了选择名山 D 之外，还要求三面环山、远离尘嚣。（　　）

4. 捉襟见肘

面对这个老“棋王”A ，我才深感自己 B 的棋艺相差太远，不免常有 C 的困窘 D 。（　　）

5. 赏心悦目

蒙古族 A 的服饰正如蒙古族 B 的歌舞一样，以古朴的风格、新颖的制作工艺，成为世界服饰文明史上一道 C 的亮丽风景 D 。（　　）

（五）用指定词语完成句子

1. 如果打算参加这次全国大赛，______________________________。（选拔）
2. 身处困境依然积极乐观，______________________________。（气魄）
3. 生活是最好的老师，______________________________。（见识）
4. 老大爷用卖茶赚的钱救助了八个孤儿，______________________________。（钦佩）
5. ______________________________，可是内心却一点儿也不高尚。（体面）
6. ______________________________，我明白了母亲的一番良苦用心。（琢磨）

（六）用指定格式完成句子

1. A：他对你帮助那么大，你是怎么表示感谢的啊？

B：______________________________。（高低不……）

2. A：他那篇文章写得如何，你看过了吗？

B：______________________________。（略微有点儿……）

3. A：据说他新出版的那部小说又被读者抢购一空了。

B：______________________________。（得到……的认可）

4. A：就是他，一个人前往中国西部，完成了考察任务。

B：______________________________。（何等 + 形容词……）

5. A：别人都说他是一个非常有才华的人。

B：______________________________。（动词 + 得一手……）

（七）下面每句话都画出了 ABCD 四个部分，请挑出有错误的部分

1. 教师的人格魅力是通过其高低的学识水平体现出来的（A），具备这样条件的老师不但在教学上游刃有余（B），而且善于处理师生关系（C），创造融洽的氛围（D）。（　　）

2. 教师要有深厚的教学功底（A），必须边教、边研、边学，苦练基本功一手（B）。否则，要想征服学生（C），使教学受学生的欢迎（D），就只是一句空话。（　　）

3. 教学活动的对象——学生是有主观能动性的人（A），是学习的主体（B），教学是对话、交流与传播知识的活动（C），只有真正得到学生一致许可的教学活动才是成功的（D）。（　　）

4. 我们村子的小学老师大都是一些识得略微几个字的农民（A），他们都是村里乡亲（B），虽没有正规公办教师的学识（C），倒也没有正规教师的脾气（D）。（　　）

5. 教师高尚的人格对学生不是一种暂时性的教育，可以想象美好的人格、灿烂的心情，它像种子一样撒播在学生心田，在学生的心灵世界将开出美好何等的精神之花啊！（　）

A 教师高尚的人格对学生不是一种暂时性的教育 B 可以想象美好的人格、灿烂的心情 C 它像种子一样撒播在学生心田 D 在学生的心灵世界将开出美好何等的精神之花啊

语法讲解与练习

一 因果复句

两个分句间为偏正关系，偏句说出原因或理由，正句表示结果。

因果复句分为说明因果复句和推论因果复句。

◎王老师走路总是甩开膀子迈大步，模样好生坦然潇洒，好像条条道路都是为他开的。以至于我们大队的广大贫下中农，凡路上遇见王老师，都要先行问候，都要为他让路，还要夸他教书教得好。

◎最初，我以为王老师之所以有威信，之所以受尊重，就是因为他的左手和珠算。

◎王老师是从来不去麻烦任何人的，因为他自己什么都会做。

◎有志才可以帅气，故一个贫穷的乡村小学教师，才是那么地神气，那么地体面，那么地受人尊重。

① 由于这位老先生也爱好艺术，因此我们两个谈得很尽兴。

② 年轻听众更希望和主持人互动，于是每到听众点歌时间，导播都要面对无数的手机短信。

③ 静电所产生的电流量非常小，因而一般不会对人体造成生命危险。

④ 他犹豫不决、缺乏魄力，以致错失了一次极好的合作机会。

⑤ 社会之所以对教师怀有敬意，最主要是因为教师是知识的传授者，又是社会美德的传播者。

以上例句，表示对某一特定情况的原因的说明，属于说明因果关系。

⑥ 既然出来郊游是为了轻松一下，就不要再想那些让人不愉快的事了。

⑦ 既然你没有办法改变环境，那就先改变一下自己。

⑧ 你既知道自己的问题了，便开始努力并且坚持下去吧！

⑨ 他不愿意接受，我们则也没有必要强迫他同意我们的主张了。

⑩ 中国的饮食文化讲究“色、香、味”，可见食物除了满足身体的营养需求之外，还可以满足人们的审美需要。

以上例句，表示由某一特定情况推出某种结果，属于推论因果关系。

常用关联词

说明因果关系	合用	因为/因/由于……，所以/故/才/就/便/于是/以致/以至于…… 由于……，因此/因而…… 之所以……，是因为/是在于/是由于…… 所以…，所以…，是因为……
	单用	因为　由于　是因为　是由于 所以　因此　因而　以致　以至于
推论因果关系	合用	既然……，那么/就/又/便/则/可见……
	单用	既然　既　就　可见

二 练习

（一）选择适当的关联词填空

所以……，所以……，是由于……　　既然……，那么……
之所以……，是在于……　　既然……，又……
因为……，所以……　　既……，就……
……，以至于……　　……，可见……
……，于是……　　……，便……

1. 这孩子还不足十六岁，却已长成了一米八十多的大汉，________营养是一流的。
2. 从一接触这项研究我就知道难度很大，________略微有点儿失去信心了。
3. 他________能取得今天的成就，全________他这十年来坚持不懈的努力。
4. ________我们已经碰到了，________不如坐下来找个地方好好聊一聊吧。
5. 一次偶然的错误造成了他们的分手，________他们二十年都没有联系。
6. 我________来中国，________学习中文，都________从小受父亲影响的缘故。
7. ________她性格古怪，________朋友极少，即使是她身边的人也很少接近她。
8. 她知道即使说了大家也不会相信她，________最好的办法只有保持沉默。
9. 他________这么肯定地坚持自己的主张，我们________能做什么呢？
10. 你________知道了，我们________不再对你隐瞒了，但是你要保守秘密啊！

（二）模仿例句，用指定关联词完成句子

1.（因为）……，故……

例：因为那里的地形复杂、条件艰苦，故很少有人能在那里定居。

① 因为季节变换容易带来疾病，____。

② ____，故我们完全交给他负责。

③ A：为什么王元今天没有来参加会议呢？

B：____。

2. ……，以至于……

例：他知识丰富、见识广博，以至于所有的同学都称他为“百科博士”。

① 机场高速路上堵车了，____。

② ____，以至于影响了他的一生。

③ A：为什么周围的人都不相信他说的话呢？

B：____。

3. 所以……，所以……，（还）因为……

例：陈大妈所以搬出来单住，所以不想和儿子再来往，还因为婆媳之间的矛盾太深了。

① 他所以这样投入，所以________________________________。

② ________________________________，还因为他根本不懂得尊重别人。

③ A：为什么你们都不愿意采用他的意见呢？

B：________________________________。

4. ……因……

例：他成绩优秀，因提前自学了大学一、二年级的课程，已经连跳两级了。

① 因她是喜欢安静的人，________________________________。

② ________________________________，他决定经商。

③ A：你为什么又决定跟他合作了呢？

B：________________________________。

5. ……，可见……

例：产品不能赢得市场，很可能全盘皆输，可见，市场就是销售的保证。

① 基本的公式都记错了，________________________________。

② ________________________________，可见他对这件事的印象已经不深了。

③ A：据说这本小说他从构思到创作一共是十年时间啊。

B：________________________________。

(三)按逻辑关系排列顺序

1. A. 故饮茶过浓影响睡眠

B. 尤其冲得很浓的茶

C. 饮茶有提神醒脑之效

D. 都或多或少地含有咖啡因 ____________

2. A. 很容易使自己陷入困境

B. 因此要先制定合理的目标

C. 以至于难以实现

D. 目标定得太高了 ____________

3. A. 不完全是因为时髦的外表
   B. 他们所以引人注目
   C. 而在于高贵的内心
   D. 所以如此受人欢迎 ____________

4. A. 这不仅是令人担忧的
   B. 要成功就要自主创业
   C. 可见，如今的年轻人进入了一个思维怪圈
   D. 要创业就要经商
   E. 甚至是令人恐惧的 ____________

5. A. 全因他没有父亲那一手绝活
   B. 非但没有
   C. 父亲之所以对他失望
   D. 因他觉得那已经是过时的
   E. 连跟父亲学他也不愿意
   F. 已经不符合这个时代的需要了 ____________

修辞提示与练习

一 拈连

在汉语中，当甲、乙两类事物在一起叙述时，利用上下文的联系，把原本用于甲事物的词语巧妙地用于乙事物，甲事物提供根据或条件，乙事物只有联系甲事物才能得到确切、深刻的理解，使语言既生动又深刻、既风趣又富有哲理，既新颖又流畅，这种修辞手法就是拈连。

拈连包括本体、拈体、拈词三部分，其中用于正常搭配的甲事物叫本体；用来临时搭配的乙事物叫拈体；用来拈接本体和拈体的词语叫拈词。拈词一般都是动词，也有用其他词拈连的。

拈连分为全式拈连和略式拈连两种类型。

① 蚕默默地吐着丝，吐着温暖，吐着爱。

本体：丝；拈体：温暖、爱；拈词：吐。

② 我们种下了一棵棵树苗，也种下了一个个希望。

本体：树苗；拈体：希望；拈词：种。

③ 表面上她浑身伤痕累累，其实她心灵的伤痕更深、更多。

本体：浑身伤痕；拈体：心灵的伤痕；拈词：累累、深、多。

以上例句本体、拈体、拈词都出现，属于全式拈连。

◎在那赤贫的年代，王老师仅凭一只小小工具箱，（~~修补着破旧物品~~），就创造与修补着他自己的生活、学校的生活和乡亲们的生活，……

拈体：生活；拈词：修补。

④ 我只是伫立凝望，觉得这一条条紫藤萝瀑布不只在我眼前（~~流过~~），也在我心上流过。

本体：眼前；拈体：心上；拈词：流过。

⑤ 那鲜红刺眼的大大的错号，不仅（画）在纸上，也永远地画在了她幼小的记忆中。

本体：纸上；拈体：记忆中；拈词：画。

⑥ 新年的钟声敲响了（~~铛铛声~~），敲响了人们对新生活的期盼和渴望。

本体：铛铛声；拈体：期盼和希望；拈词：敲响。

以上例句本体省略或连接本体的拈词省略，属于略式拈连。

注意

甲乙两个事物间必须具有内在的逻辑联系，这样拈连才能准确、自然。

二 练习

分析各句的拈连类型，指出本体、拈体、拈词

1. 当心减肥减掉你的健康，减掉你的精神，减掉你的活力。

2. 两个小朋友的双手紧紧地握在了一起，握住了他们的友谊。

3. 别小看现在的刷卡消费，刷卡能刷出大学问呢。

4. 我终于见识了这个人，见识了他那博大而宽容的胸怀。

5. 五月的春风，吹绿了街旁的绿树，吹红了遍野的红花，也吹活了人们的精神和体力。

表达与写作

● 表达训练

1. 你认为什么样的人才是成功的人？
2. 你认为对于一个普通人来说，什么是真正的成功？
3. 现在社会上对于“平凡”和“成功”有哪些理解和看法？对于以上观点你是怎么评价的？
4. 你想成为怎样的成功人士，并准备如何达到这一目标？
5. 试围绕下题展开辩论。

   甲方：平凡必定平庸。

   乙方：平凡不一定平庸。

● 写作训练

试从以下选题中任选其一作文，题目自拟。

字数：不少于300字；要求：尽量参考并尝试使用课文里的重点词语。

第一题

描写一个你身边令你钦佩的普通人。

第二题

我们可以无过人之才，也可以无惊世之举，但绝不可以不知为什么而活，绝不可以没有目标、没有责任感，绝不可以无所事事、无所用心。志当存高远，追求无止境。我们既然是个大写的人，就没有理由让自己的一生在不断的挥霍中和无边的埋怨中流失，而应最大限度地寻求平凡人的不平庸，努力创造普通人的成功。

谈谈你对于一个普通人的成功的看法。

扩展空间

名家典藏

《可以平凡　不能平庸》刘兴旺　新华出版社

媒体资源

http：//www.chinahrd.net（中国人力资源开发网）

http：//www.qiann.com　（潜能开发网）

http：//www.hr.com.cn　（中国人力资源网）

《美丽的大脚》（DVD）九州音像出版公司出版发行

《凤凰琴》（DVD）齐鲁音像出版社出版发行

《一个也不能少》（DVD）贵州东方音像出版社出版发行

词语追踪

成才观　　人才工程　　平面人　　立体人　　复合型人才

6 秦俑古韵

背景阅读与练习

一 限时阅读，按要求回答问题

限时：5 分钟

秦始皇陵与其他皇陵的方向不同，是坐西朝东，因为秦时以西为贵。再加上战国时代秦国处在几个强国的西部，秦王嬴政把陵墓朝东建造，表示一定要征服东方六国的决心和威震东方的信心。秦陵南依骊（lí）山，北临渭（wèi）水，雄伟壮观。秦始皇以盛产蓝田美玉和出产黄金的风水宝地骊山作为长眠之地，正是中国古代帝王和贵族“事死如事生”观念的体现。

秦始皇陵原名“丽山”或“郦山”。据三国时人说：“坟高五十余丈，周回五里余”。经折算，高合一百二十多米，底边周长两千一百六十七米有余。上面种草植树，确实很像是一座山。北魏时伟大的地理学家郦道元说，因为始皇陵所在地区的地质多砂石，缺乏纯净的黄土，就从陵冢（zhǒng 坟墓）东北五里的吴家寨子附近的低洼地带把土运来。这座完全依靠人工堆起来的“丽山”，表现了古代劳动人民的智慧和力量。

古代为了给死去的帝王举行祭祀，往往在墓旁建造寝庙。在庙内放置死者的衣冠、牌位，又围绕陵墓建筑城垣，以备守护，这就是所谓的“园寝”。这种设园建寝的制度也是从秦开始的。秦始皇陵的特别之处是它筑有内外两层夯（hāng 用力砸）土城垣，象征着都城的皇城和宫城。陵冢位于内城南部，呈覆斗形，现高 51 米，底边周长 1700 余米。据史料记载，秦陵中还建有各式宫殿，陈列着许多奇珍异宝。秦陵四周分布着大量形制不同、内涵各异的陪葬坑和墓葬，现已探明的有 400 多个。

据《史记》记载，秦始皇十三岁（公元前 246 年）即秦王位，即位后不久，就在骊山开始营建陵墓。统一天下后，又从全国征发来七十多万人参加修筑。直至秦始皇五十岁死，下葬时（公元前210年）还未竣工，秦二世时又接着修建了两年，前后费时近四十年，真可谓工程浩大。

《史记》中，对陵的地宫及陈设也有记述。地宫极其深邃而坚固，它不但砌筑上“纹石”，堵绝了地下的泉流，而且还涂有“丹漆”，起到了防潮的作用。墓中建有宫殿及百官位次，放满珠玉珍宝，燃烧着用人鱼膏（据说是一种四脚鱼，似人形，生活在东海中）做的蜡烛，永久不灭。设有防备盗墓而自动发射的弩（nǔ 古代一种利用机械力量射箭的弓）机暗箭。灌注水银，如同江河大海围绕，机械转动，川流不息。上面象征日月天体，下面象征山川地理等等，实际上是一个被搬入地下的人间世界的缩影。另据史载，秦二世在埋葬秦始皇的时候，下令始皇宫内的宫女，凡没有子女者，都要殉葬（xùnzàng 古代用器物或活人陪同死者一起埋葬的风俗）；为了防止“泄密”，凡参加修造墓室的工匠，不待他们出来，就封闭墓门，活埋在陵墓里。

判断正误 （正确的画“√”，错误的画 “×”）

1. 秦始皇陵之所以坐西朝东，是因为秦朝地处中国的西部。（ ）
2. 秦始皇陵是靠劳动人民从其他的地方一点点运土堆成的。（ ）
3. 用现在的方法来计算，秦始皇陵高一百二十多米。（ ）
4. 正如以往的帝王陵墓一样，秦始皇陵旁边建有寝庙。（ ）
5. 秦始皇陵在秦始皇在位时一共修建了四十年。（ ）
6. 秦始皇为了防止工匠们说出秘密，将他们活埋在陵墓里。（ ）

选择正确答案

1. 文中“风水宝地”是指：（ ）
   A. 防风防水的地方　　B. 埋藏有宝贝的地方
   C. 顺风顺水的地方　　D. 住宅、坟地等地理形势好的地方
2. 中国古代修建皇陵的材料为：（ ）
   A. 美玉　　B. 砂石
   C. 纯净的黄土　　D. 黄金
3. 文中关于秦始皇陵形状的描述正确的一项是：（ ）
   A. 翻倒过来的斗形　　B. “斗”字的形状
   C. 方形　　D. 圆拱形

4. 文中“竣工”的意思是：（　　）

A. 工程的完善　　B. 工程开始

C. 工程完工　　D. 工程多次进行

5. 地宫里修筑的“纹石”的作用是：（　　）

A. 防潮　　B. 把水银注进去

C. 储藏珍宝　　D. 堵住地下泉水

6. 下面关于秦始皇陵特点的说明错误的是：（　　）

A. 位于骊山之北，渭水之南　　B. 是座“人工山”

C. 内外两层城墙　　D. 地宫内有山有水

简单概括秦始皇陵在哪些方面体现了古代帝王“事死如事生”的观念。

（不超过25个字）

二　阅读后按逻辑关系排列顺序

A. 秦始皇是中国历史上一位杰出的政治家，姓嬴（yíng）名政，公元前259年生，十三岁时其父庄襄王去世，继位为秦王。二十二岁亲政后，便逐步进行了统一全国的大业。

B. 公元前210年，秦始皇病死于第五次东巡的路上，时年五十岁。

C. 他凭借秦国的政治、经济、军事实力，经过十余年的兼并战争，先后消灭了韩、赵、魏、楚、燕、齐等诸侯国。于公元前221年建立了中国历史上第一个统一的多民族封建专制的中央集权国家。

D. 统一全国后、秦始皇推行了一系列的改革政策，有力地加强了中央集权，巩固了多民族国家的统一，促进了社会的发展。

重新排序____________________

三 阅读后按要求回答问题

秦陵兵马俑

兵马俑坑是秦始皇陵的陪葬坑，位于秦陵陵园东侧1500米处。1974年一个偶然的机会，一缕阳光投进了沉睡在地下两千多年的秦始皇陵兵马俑坑。

兵马俑坑位于陵东1000米处的东大道北侧，这是一处旨在护卫陵墓而模拟陈兵的俑坑，共有4个坑，组成了一个显示秦帝国军事实力的整体，总面积25380平方米，除四号坑是未建成就废弃的空坑外，其他3个坑均埋有大量的武士俑、木质战车和陶马、青铜兵器、车马器。

俑坑是坑道式的地下土木结构建筑，后来经历火焚或人为破坏，尽管坑内已人仰马翻、焦痕累累，但经考古发掘，终于使当时的庞大军容得以复原。

一号坑是一个由步兵和车马组成的长方形矩阵，估计有手执各类兵器的武士俑

6000件左右，拉车的陶马约160匹，战车约40乘（shèng 古代称四匹马拉的车一辆为一乘）。前廊有三列横队的袍俑204尊，其中除3名手执长兵器的甲俑外，其余皆持弓弩，并有2柄吴钩，组成矩阵的前锋；南北两侧的边洞和后廊各有一列向外站立的甲俑，组成矩阵的两翼和后卫，用来对付敌人的截击和包抄；中心部分则是由战车和随车甲俑群间隔排列组成的面向东方的矩阵主体，战车成员有三，包括御车、指挥和车士。车上配备有钟、鼓和弓弩、矛等，车后的甲士多手执长兵器。

二号坑为曲尺形结构，实际上是由弩、车、兵、骑等4个兵种单独或混编而成的练射的营地。军阵编列形式科学严谨，独具特色，估计包括有木质战车89乘，陶质车马356匹，鞍马116匹，陶俑939尊，其中鞍马骑兵俑、跪姿射俑等为其所独有，是研究秦代军事编制难得而生动的形象资料。

三号坑是秦俑阵营指挥机关的所在地。其正面停放一乘具有华盖的乘车，后随戴长冠的甲俑4尊。在南北两侧室里分别布有夹道而立的甲士64尊，手执长殳（shū 古代兵器，多用竹木制成），是“帷屋”内的侍卫。

这些秦俑不但场面宏大，个体众多，而且制作之精也是空前绝后的。古代雕塑家运用熟练的手法，赋予这些秦俑以不同的年龄、经历、性格和精神风貌，革带、发式、行縢（téng　绳子）、靴履（xuēlǚ）等细节被处理得一丝不苟，使整个俑群寓动于静，给人以千军竞发的意境，令俑坑气势磅礴、沉雄凝重，爆发出震撼人心的力量。

陶马的造型亦十分精彩和成功。马的身体浑圆，腿部筋腱突出，四下开张；马头方正，棱角显露，两耳直竖，前额分鬃，双目圆睁，似乎跃跃欲行，动感极强。

秦俑、陶马表面均经悉心彩绘而成。俑手和脸为粉红色，衣服的袖、领为绿色、赭（zhě）石色；长襦有绿、蓝等色；铠甲的甲片为黑色，连接甲片的线为红色；马为棕色，马眼为白睛黑瞳（tóng　眼睛虹膜中心的圆孔），马牙为白色，口舌红色。整个色彩以冷色调为主，显得庄严肃穆。

秦陵区另一处惊人的发现为彩绘铜车马。1980 年在陵西侧发现，两件车马埋在地下七八米的坑内。其中的铜立车长 225 厘米，前驾四马，上竖伞盖。铜御手俑立于车上，双手揽辔（pèi　套在牲口嘴里为方便驾驭的绳子和嚼头），车上配有弓弩和盾牌。另一件铜车通长达 317 厘米，车厢以箱板围成车蕃，蕃上覆有椭圆形盖。车蕃前和两侧留有窗，后面辟门。这种车是周代兴起的“安车”，是专供王公、贵族及老人乘坐的。此车共计用零件 3462 个，重 1241 公斤，在古代金属器具中是罕见的。这两辆车以白为底，彩绘变体龙凤和几何图案，形成“白马素车”的基调，表现了宫廷的华丽隆盛。

已发现的秦始皇陵陪葬坑共有几个？各代表何种军阵？（不超过 50 个字）

根据文中描述，秦兵马俑具有什么价值？（不超过50个字）

课 文

课文导读

公元前221年，秦王嬴政统一六国，结束了长期的诸侯割据局面，建立了一个以咸阳为首都的幅员辽阔的国家。在本文中，作者带领我们参观了那些在地下沉睡了两千年的陶制战阵，又把我们的思绪引到“秦王扫六合，虎视何雄哉”，剑光映日，戈矛碰撞，战马嘶鸣的古代战场……这些都是秦朝的重要写照，为我们展示了古长安的辉煌。在感慨历史沧桑之时，也不得不为曾经璀璨的文明所震撼。

思考题

1. 你是否参观过秦始皇陵和兵马俑的展览？
2. 你是否听说过有关秦始皇的历史故事？
3. 你是否知道秦兵马俑因何被称为“世界第八大奇迹”？

秦时明月

柴福善

陕西，古为秦地。放眼八百里秦川，耳听富有青铜韵味的秦腔之后，最终的落脚点，还是秦岭支脉——骊山——秦始皇兵马俑的所在地。

一步走近秦始皇兵马俑，那不是一个两个，而是成行成排，望不到头，足以数千计。一种是方形阵，战车与步兵相间排列，手持武器，严阵以待；一种是曲形阵，弩

兵马俑陪葬坑

兵、战车、骑兵结合在一起，自成体系，又互相呼应；还有幕府、武将、军吏，却未见主帅，也许还没有任命？也许秦始皇就是他们的主帅？探问兵马俑，默然不语，只以一成不变的姿势，各自展示在那里，就当是我的无端猜测吧。遥想当年，秦王御千军万马，灭韩、赵、魏、楚、燕、齐，统一全国，结束了春秋战国以来诸侯割据①、战乱频仍的局面。“秦王扫六合，虎视何雄哉！挥剑决浮云，诸侯尽西来。”②何等气概，兵马俑不过是一个缩影。既是诸侯西来，相继向秦王拱手臣服，那么，兵马俑们当然便要唯秦王马首是瞻③，面向东方，雄视天下了。看兵马俑，气宇不凡，形神兼备，而且千人千面，无一雷同，连向来不被注意的鞋底的针脚，也因脚着地时摩擦的轻重而疏密不同，刻画得真是一丝不苟，令人惊叹不已。尤其是彩俑的发现，更让人一睹了二千年前的艺术风采。其实，那形那神，何尝不是工匠们的自画像呢？他们从全国各地被强行征调而来，或许一开始，就明白今生是有来无回了，如果想逃，一旦被发觉绝对是死路一条，于是他们便把全部情感都融注在兵马俑里了，末了，还要刻上自己的名字，当然不是为名传后世，而是待监工者验查。难为他们了，形如真人，如今以现代化手段复制一尊，尚且不易，二千多年前又如何制作的呢？无法考究了。应该说，自从远古人类学会制陶以来，到秦代兵马俑，达到了高峰，技艺已炉火纯青，前人不可企及，后人不可追步。难怪在地下埋藏了如此长久的岁月，一旦重见天日，哪怕精美绝伦的彩绘剥落，也是当惊世界殊，被誉为“世界奇迹”。

秦俑

① 割据：一国之内，拥有武力的人占据部分地区，形成与中央政权分裂对抗的局面。

② 秦王扫六合，虎视何雄哉！挥剑决浮云，诸侯尽西来：出自唐代诗人李白的《关山月》，全诗共24句，全面评价了秦始皇的功过。他的“功”为统一六国。六合：〈书面语〉指上下和东西南北四方，泛指天下或宇宙。

③ 唯马首是瞻：古代作战时看着主将的马头决定进退，比喻跟随别人行动或听从别人指挥。

走近铜车马。两辆，前称立车，后称安车，双轮，单辕①，前驾四马，各有御官一人，与真实的车马一般无二，仅是缩小了一半。那方舆、圆盖及三十根车辐，恰恰吻合了“轮辐三十像日月”、“舆方法地，盖圆象天”之说。那马耳若削竹，目似悬铃，头方肚圆，脊②干平整，胸肌隆凸，四腿细长，典型的骏马。若举策扬鞭③，四马并驰，十六只马蹄腾飞，定是风驰电掣。君子一言，驷马难追④，是否据此而来呢？御官身着⑤长

彩绘铜车马

襦，头戴鹖冠，腰间配剑，全神贯注，平视前方。前方是大路小路？平坦坎坷？管它大小坎坷，驾驭者充满自信，坐者一定安然了。切不可小看，那绝非一般驭手，而是高级御官，车中乘坐的是最高统治者——皇帝。在等级森严的制度下，僭礼⑥是要杀头的。御官俑的塑造，体现了秦代艺术家细致的观察力和造诣极高的表现力。每辆车都由三千多个零部件组成，出土时已散乱不堪，考古人员历时两年精心修复，才得以再现其本来面貌。20世纪70年代，意大利曾发现两尊青铜武士像，当时竟轰动了整个欧洲。而中国铜车马，是20世纪考古史上发现的结构最复杂、形体最庞大的古代青铜器，是当之无愧的“青铜之冠”！秦始皇多次出游天下，驾车八十一乘，文武百官，前呼后拥，车马仪仗⑦，次第相随，浩浩荡荡，威风凛凛⑧。为游山玩水？为安定天下？还是为寻

---

① 辕（yuán）：车前驾牲畜的两根直木；与下文的“舆”、“辐”同为古代马车的零部件。舆（yú）：车上可以载人载物的部分；辐（fú）：车轮中连接车轮中心和轮圈的一条条直棍儿或钢条。

② 脊（jǐ）：人或动物背上中间的骨头、脊骨。下文的“隆（lóng）”意思是凸出。

③ 策（cè）：古代赶马用的棍子，一端有尖刺，能刺马的身体，使它向前跑；鞭（biān）：古代兵器，用铁做成，有节，没有锋刃。

④ 君子一言，驷（sì）马难追：出自《论语·颜渊》：夫子之说君子也，驷不及舌。《邓析子·转辞》：一言而非，驷马不能追；一言而急，驷马不能及。意思是一句话说出口，就是四匹马拉的车也难追上。指话说出口，就不能再收回，一定要算数。

⑤ 着（zhuó）：穿（衣）；下文的“襦”、“冠”均是古代服饰的一种。襦（rú）：〈书面语〉短衣，短袄；鹖冠（hèguān）：像帽子似的戴在头顶形状似鹖鸟形的东西。

⑥ 僭（jiàn）礼：古时指地位在下的人冒用地位在上的人的名义或礼仪、器物。

⑦ 仪仗：古代帝王、官员等外出时护卫所持的旗帜、伞、扇、武器等。

⑧ 凛凛（lǐnlǐn）：严肃；可敬畏的样子。

求长生不老？没有明文记述。秦始皇乘坐金银车，六马挽驾，随行车队按五行配色，“秦王骑虎游八极，剑光照空天自碧”①。不仅是诗人的大胆想象，也是现实生活的一种反映。

秦始皇，以十五年时间，“奋六世之余烈，振长策而御宇内”②，兵不解甲，马不停蹄，一鼓作气，扫平割据，海内③为一，从而建立了中国历史上第一个统一的多民族封建中央集权制国家。自以为“德兼三皇，功过五帝”，故称“皇帝”④，这是中国历史上第一个皇帝。在中央实行三公九卿制，在地方废除分封制，实行郡县制，在全国统一货币、统一度量衡、统一文字。从历史发展进程来看，这无疑是一种大胆的革新，一者改变了割据状态的政治和文化；二者促进了封建经济的发展。这些举措，一直影响了整个中国封建社会，甚至影响着今天，所谓“百代皆行秦政事”。同时，他又大兴土木，在全国各地修建众多离宫⑤别馆，竟达“关内三百，关外四百余”之多。为抵御北方匈奴南犯，修葺秦、赵、燕三国旧长城，那就是举世闻名的万里长城。而他十三岁便开始为自己营造陵墓，造了三十八年，直到农民起义风起云涌，仍未修完。看秦陵，南有骊山，北有渭水，确是风水宝地。古人向来认为，人死而灵魂不灭，奉行“事死如事生”的习俗，所以，死者生前享用的东西，死后要供奉到坟墓中去，因而陵园的整个设计和建造，均仿照秦始皇住过的咸阳宫。历经二千年风雨沧桑，至今只剩一堆封土，早非昔日的富丽堂皇、雄伟壮观了。对于秦始皇陵，我是远远地驻足而观，根本没有走到跟前，连那复制的陵园模型，也没有去看，或许保持着内心的一点儿神秘，一个尚未破译的谜，更好。

秦始皇雕像

如今的兵马俑、铜车马、秦皇陵已成为全世界人类共同的文化遗产。这些原本就由人民所创造的古代文物，包括万里长城，早已失去了战争的含义，而成为中国古老文明

① 秦王骑虎游八极，剑光照空天自碧：出自唐朝诗人李贺《秦王饮酒》一诗。
② 奋六世之余烈，振长策而御宇内：出自西汉贾谊《过秦论》。奋：鼓起劲来。
③ 海内：古人认为中国疆土四面环海，因此称国境以内为海内。
④ “德兼三皇，功过五帝”，故称“皇帝”：出自《史记·秦始皇本纪》。三皇：指古代传说中的三个帝王，说法不一，通常称伏羲（xī）、燧（Suì）人、神农为三皇。或者称天皇、地皇、人皇为三皇。五帝：通常指皇帝、颛顼（Zhuānxū）、帝喾（Kù）、唐尧、虞舜（Yú Shùn）。
⑤ 离宫：帝王在都城之外的宫殿，也泛指皇帝出游时的住所。

的象征，被赋予了一种中华民族的精神。当我慢慢走过骊山，走出秦川，仰望深邃的夜空高悬着一轮明月，我想，那不是别的，应该是秦时明月……

（有删改）

思考与回答

1. 简单概括作者对秦始皇的功过的评价。

臣服　　进程　　抵御　　修葺

2. 简单介绍一下兵马俑的特点，作者因而产生了哪些联想?

气宇　　悬　　凸　　全神贯注

3. 综合评价一下秦兵马俑的文化、社会和艺术价值。

雷同　　一丝不苟　　技艺　　炉火纯青　　绝伦　　造诣　　庞大

4. 文章为什么题为《秦时明月》?

内心　　含义　　深邃　　赋予

5. 文章是按照怎样的顺序进行描写的?

背景链接

柴福善，中国作家协会会员、（京郊）“文化五名人”之一。1982年起发表文学作品，20余年来，在全国多家报刊发表诗歌百余首，散文400余篇，部分作品编入高中教材。本文即选自其同名文集《秦时明月》。

他的游记，有咸阳《秦时明月》、西安《碑林断想》、苏州《拙政园探微》、庐山《我看庐山》……每一篇都将读者引入一片新天地，给人跨越时空、驰骋思想之感，使人得到启迪，受到教益，积累知识。

词语

1.	秦腔	qínqiāng	(名)	流行于西北各省的地方戏曲剧种，由陕西、甘肃一带的民歌发展而成，是梆子腔的一种。也叫陕西梆子。
2.	兵马俑	bīngmǎyǒng	(名)	古代用来殉葬的兵马形象的陶俑。
3.	幕府	mùfǔ	(名)	古代将帅办公的地方。
4.	任命	rènmìng	(动)	下命令任用。
5.	猜测	cāicè	(动)	推测；凭想象估计。
6.	诸侯	zhūhóu	(名)	古代帝王统管下的列国君主的统称。
7.	频仍	pínréng	(形)	〈书面语〉连续不断；屡次（多用于坏的方面）。
8.	缩影	suōyǐng	(名)	指可以代表或反映同一类型的具体的人或事物。
9.	相继	xiāngjì	(副)	一个接着一个。
10.	臣服	chénfú	(动)	〈书面语〉屈服称臣，接受统治。
11.	气宇	qìyǔ	(名)	气度，气概。
12.	雷同	léitóng	(动)	指随声附和，也指不该相同而相同。
13.	摩擦	mócā	(动)	物体和物体紧密接触，来回移动。
14.	何尝	hécháng	(副)	用反问的语气表示未曾或并非。
15.	或许	huòxǔ	(副)	也许。
16.	情感	qínggǎn	(名)	对外界刺激肯定或否定的心理反应，如喜欢、愤怒、悲伤等。
17.	难为	nánwei	(动)	多亏（指做了不容易做的事）。
18.	手段	shǒuduàn	(名)	为达到某种目的而采取的具体方法。
19.	尊	zūn	(量)	用于神佛塑像。
20.	技艺	jìyì	(名)	富于技巧性的表演艺术或手艺。
21.	前人	qiánrén	(名)	古人；以前的人。
22.	企及	qǐjí	(动)	盼望达到；希望赶上。

23. 岁月	suìyuè	(名)	年月；泛指时间。
24. 绝伦	juélún	(动)	〈书面语〉独一无二；没有可以相比的。
25. 御官	yùguān	(名)	驾驭马车的官员。
26. 吻合	wěnhé	(动)	完全符合。
27. 悬	xuán	(动)	挂。
28. 凸	tū	(形)	高于周围（跟“凹”相对）。
29. 典型	diǎnxíng	(形)	具有代表性的。
30. 平坦	píngtǎn	(形)	没有高低凹凸（多指地势）。
31. 坎坷	kǎnkě	(形)	道路、土地高低不平。
32. 驾驭	jiàyù	(动)	赶着车马前进。
33. 驭手	yùshǒu	(名)	使役牲畜的士兵。也称“御手”。
34. 造诣	zàoyì	(名)	学问、艺术等所达到的程度。
35. 精心	jīngxīn	(形)	特别用心；专心用力。
36. 得以	déyǐ	(动)	（借此）可以；能够。
37. 轰动	hōngdòng	(动)	同时惊动很多人。
38. 庞大	pángdà	(形)	极大（常含过大或大而无当的意思，指形体、组织或数量等）。
39. 次第	cìdì	(副)	一个挨一个地。
40. 寻求	xúnqiú	(动)	寻找追求。
41. 五行	wǔxíng	(名)	指金、木、水、火、土五种物质。中国古代思想家企图用这五种物质来说明世界万物的起源。中医用五行来说明生理、病理上的种种现象。迷信的人用五行相生相克的道理来推算人的命运。
42. 中央集权制	zhōngyāng-jíquánzhì	(名)	秦始皇统一中国后，把专制主义的决策方式和中央集权的政治制度有机地结合在一起，正式建立了专制主义中央集权的政治制度。以皇权为中心的封建君

主专制，奠定了中国封建社会国家政权的统治格局。

43. 三公九卿制 sāngōngjiǔqīngzhì （名） 秦始皇统一中国后，设置的一套官僚系统。三公分别指丞相、太尉和御史大夫。丞相是“百官之长”，协助皇帝处理全国政务；太尉协助皇帝掌握军队；御史大夫为“副丞相”，牵制丞相，监察百官。三公之下又设奉常、郎中令等诸卿，习惯上称“九卿”。三公九卿制的设立，对中国以后历代封建王朝的政治制度有深远影响。

44. 分封制 fēnfēngzhì （名） 封建社会全国土地和奴隶归天子（王室）所有。天子把土地和奴隶分封给亲属功臣，建立诸侯国。

45. 郡县制 jùnxiànzhì （名） 我国古代地方政权组织形式。秦统一六国后，普遍推行郡县制，废除分封制，郡下设县，郡守和县令由皇帝任免，不能世袭。

46. 度量衡 dùliànghéng （名） 计量长短、容积、轻重的标准的统称。度计量长短，量计量容积，衡计量轻重。

47. 进程 jìnchéng （名） 事物变化或进行的过程。

48. 无疑 wúyí （动） 没有疑问。

49. 封建社会 fēngjiàn shèhuì 一种社会形态，特征是地主占有土地，农民只有很少土地或全无土地，只能耕种地主的土地，绝大部分产品被地主剥夺。

50. 众多 zhòngduō （形） 很多（多指人口）。

51. 抵御 dǐyù （动） 用力量制止对方的进攻或入侵。

52. 修葺 xiūqì （动） 修理（建筑物）。

53. 奉行	fèngxíng	(动)	遵照实行。
54. 习俗	xísú	(名)	习惯和风俗。
55. 生前	shēngqián	(名)	指死者还活着的时候。
56. 坟墓	fénmù	(名)	埋葬死人的穴和上面的坟头。
57. 昔日	xīrì	(名)	往日；从前。
58. 内心	nèixīn	(名)	心里头。
59. 含义	hányì	(名)	（词句等）所包含的意义。
60. 赋予	fùyǔ	(动)	交给（重大任务、使命等）。
61. 深邃	shēnsuì	(形)	形容深深的（山谷、夜空、眼神等）。

四字词语

1. 严阵以待	yán zhèn yǐ dài	摆好严整的阵势，等待来犯的敌人。
2. 一成不变	yì chéng bú biàn	一经形成，永不改变。
3. 一丝不苟	yì sī bù gǒu	形容办事认真，连最细微的地方也不马虎。
4. 炉火纯青	lú huǒ chún qīng	比喻学问、技术或办事达到了纯熟完美的地步。
5. 风驰电掣	fēng chí diàn chè	形容像刮风和闪电那样迅速。
6. 全神贯注	quán shén guàn zhù	全副精力高度集中。
7. 一鼓作气	yì gǔ zuò qì	比喻劲头儿大的时候一下子把事情完成。
8. 大兴土木	dà xīng tǔmù	大规模兴建土木工程，多指盖房子。

专有名词

1. 陕西	Shǎnxī	中国省名。
2. 秦	Qín	中国朝代名，（公元前221年～公元前206年），秦始皇嬴政所建，建都咸阳。
3. 秦岭	Qín Lǐng	横跨陕西省中部偏南，东西走向。为黄河和长江两大水系的分水岭，也是中国地理上南北方分界线的一部分。
4. 骊山	Lí Shān	也作"郦山"。在陕西省临潼（tóng）县东南，东北脚有秦始皇墓，现为中国著名游览、休养胜地。
5. 秦始皇	Qín Shǐhuáng	名叫嬴政，后灭六国，统一中国，称始皇帝，是秦王朝的开国皇帝。
6. 韩	Hán	周朝国名，在今河南中部和山西东南部。
7. 赵	Zhào	周朝国名，在今山西北部和中部，河北西部和南部。
8. 魏	Wèi	周朝国名，在今河南北部、陕西东部、山西西南部和河北南部等地。
9. 楚	Chǔ	周朝国名，原在今湖北和湖南北部，后来扩张到今河南、安徽、江苏、浙江、江西和四川。
10. 燕	Yān	周朝国名，在今河北北部和辽宁南部。
11. 齐	Qí	周朝国名，在今山东北部和河北东南部。
12. 春秋	Chūnqiū	中国历史上的一个时代（公元前722年～公元前481年）。
13. 战国	Zhànguó	中国历史上的一个时代（公元前475年～公元前221年）。

14. 关内　Guānnèi　指山海关以西或嘉峪关以东一带地区。
15. 关外　Guānwài　指山海关以东或嘉峪关以西一带地区。
16. 匈奴　Xiōngnú　中国古代北方游牧民族。
17. 渭水　Wèi Shuǐ　即渭河，发源于甘肃，经陕西流入黄河。
18. 咸阳　Xiányáng　秦始皇于公元前221年统一中国，建都咸阳。

词语讲解与练习

一　词语例释

1. 相继

副词　表示不同主体一个接着一个进行或发生。

◎既是诸侯西来，相继向秦王拱手臣服，那么，兵马俑们当然便要唯秦王马首是瞻，面向东方，雄视天下了。

① 在学术讨论会上，来自各校的专家代表相继发言。
② 一只只幼小的鸟儿，相继从自己的蛋壳中爬出来，可爱极了。
③ 这几本辞典相继出版后，得到了许多读者的认可。
④ 几个兄弟姐妹相继长大成人、成家立业，母亲却已经满头华发。
⑤ 随着热烈的入场音乐，各国运动员相继入场，精神饱满地在跑道上向观众挥手。
⑥ 村里的大小渔船都是在清晨的时候鱼贯入城，傍晚时分再相继返回。

"相继 + 动词/动词短语"，此种用法较多见。

2. 何尝

副词　用反问的语气表示肯定或否定，上下文必然有一预设的情况。用于书面。多修饰动词短语，修饰形容词的情况较少。

◎其实，那形那神，何尝不是工匠们的自画像呢？

① 对于她心里究竟是什么样的想法，我何尝不了解呢？

② 现在正好是假期，我何尝不想好好地轻松轻松、休息休息呢？

③ 这个建议我何尝没有考虑过，只是这不太符合我们现在的具体情况。

“何尝不/没有 + 动词短语”，此种用法较多见。

④ 朋友之间需要沟通、理解，夫妻之间又何尝不是如此？

⑤ 听到这么可怕的消息，我心里又何尝不恐惧？

前面常常可以加“又”，表示强调语气。后接否定式，表示对预先设定的情况加以肯定，意思是“的确是、当然是”。

⑥ 你那样不客气地对待我，我何尝生过一次气？

⑦ 那种情况下，人们都慌乱起来，何尝能注意到这些细节？

⑧ 如果不是你惹得他发怒，他又何尝会打人呢？

“何尝 + 动词短语”，此种用法较多见。

⑨ 经历了这件事以后，这些年，我的心里何尝平静过？

“何尝 + 形容词”，此种用法不多见。

⑩ 你来问我，我又何尝知道她心里真实的想法呢？

前面常常可以加“又”，表示强调语气。后接肯定式，表示对预先设定的情况加以否定，意思是“并不、并非”。

3. 或许

副词 表示猜测估计，不很肯定，意思相当于“也许”。用于书面。

◎他们从全国各地被强行征调而来，或许一开始，就明白今生是有来无回了……

① 或许就是一场误会，何必这么在意呢？

② 或许在遥远的外太空还有另一种文明，谁能说得清楚呢？

③ 不知道窗外是什么声音，或许是雨点打在窗台上的声音？

或许 + 动词/动词短语

④ 或许原本这幅画的价格会比现在高上几倍，可是现在已成定局了。

⑤ 只是这么一点儿小挫折，或许你还有更多的机会，不必太沮丧了。

⑥ 今年年末，或许我国的生产总值会比去年同期翻两番。

或许 + 主谓短语

⑦ 看他脸上痛苦的表情，伤得或许很严重吧？

或许 + 形容词

⑧ 或许三年，最多五年，只要有缘分，我们还会在这里重逢的。

或许 + 数量词

⑨ 或许因为她天生就具有语言天赋，她学外文就跟吃饭那么简单。

或许 + 复句

4. 得以

助动词 表示借以达到，可以，能够。用于书面。多加动词或动词短语。

◎每辆车都由三千多个零部件组成，出土时已散乱不堪，考古人员历时两年精心修复，才得以再现其本来面貌。

① 有了父母和老师的支持，她来中国留学的愿望才得以实现。

② 在医生和护士的精心照料下，她才得以很快地恢复健康。

③ 阳光和水是原始生命得以产生和发展的必要条件。

④ 正因为有了父母开放的教育理念，我才得以充分发挥、自由展示自己。

⑤ 由于妻子承担了很多家务，他才得以有更多的时间投入到创作中去。

后面多为已经实现的结果。

⑥ 为科研人员创造更多的条件，才能使科研工作得以顺利进行。

⑦ 大家齐心协力，才能有希望使这次工作得以圆满完成。

⑧ 政府必须严厉打击私自买卖文物的行为，使这些文物得以代代相传。

也可以为预计实现的结果。

二 词语辨析

1. 情感 感情

情感

◎……于是他们便把全部情感都融注在兵马俑里了，末了，还要刻上自己的名字……

① 天气变化不仅会影响人的生理健康，而且还会使人容易出现情感障碍。常见的表现有：情绪不稳定，心情烦躁，爱发脾气。

② 感激、希望、忧伤的情感混合在一起，像潮水一样冲击着她的心灵。

③ 手中握着电话，老教授的心里突然涌起一股思念女儿的情感。

④ 同学间纯洁的友谊将成为我们今后生活中情感力量的巨大源泉。

⑤ 要走到老百姓中间去，了解他们的心态、情感方式，这样才能最大限度地接近他们。

感情

⑥ 尤其在激动的时候，那种感情是很难用言语表达出来的。

⑦ 他脸上的表情就像他的声音一样，不带半点儿感情色彩。

⑧ 我们两个十几年的老朋友了，因为钱的事你这样做多伤感情啊！

⑨ 这对夫妻长期感情不合，经劝解无效只能协议离婚了。

⑩ 在两难的抉择面前，不可感情用事，而是要让自己冷静下来，好好判断一下两种选择的利弊。

异同归纳		情感	感情
同	词性	名词	
	词义	对外界刺激产生的较强烈的心理反应。	
	搭配对象	动词：充满、流露、表达、控制、抒发、缺乏……	
		形容词：细腻、复杂、丰富……	

续表

异同归纳		情感	感情
异	语体风格	多用于书面，常用作心理学术语，与“认识、意志”并提：情感障碍、情感曲线…… 例①	通用于口语和书面语。
	词义侧重	着重指对外界刺激产生的喜、怒、哀、乐、思念、同情、感兴趣等心理反应。 课文例句	着重指受外界刺激而产生的喜、怒、哀、乐等心理反应。
	词义轻重	往往是一种内在的、深刻的、稳定的心理反应。 例②③	往往是一种表现出来的、能感知的、多变的心理反应。
	搭配对象	名词：力量、方式…… 例④⑤	名词：色彩、因素…… 例⑦
		动词：涌起、引起、升起…… 例③	动词：伤、动、带、有、联络、不合、破裂…… 例⑧⑨
	习惯用语		感情用事 例⑩

2. 难为　为难

① 他刚到公司来，当然有很多不熟悉和不熟练的地方，不要难为/为难他。

② 她心里有些生气，第一次就失约，这不是故意难为/为难人吗？

难为

◎ 难为他们了，形如真人，如今以现代化手段复制一尊，尚且不易，二千多年前又如何制作的呢？

③ 你这样略微受一点儿难为就不平，受一点儿挫折就有怨言，怎么能行呢？

④ 你一个人又带孩子又照顾老人，这些年，真是难为你了。

⑤ 难为你，把那个行李递给我好吗？

为难

⑥ 虽说他不是一个让人感觉麻烦的人，但偶尔也有为难我的时候。

⑦ 当着这么多陌生人让他讲话，而且是用外语，让他挺为难的。

⑧ 别人一批评他，他就以沉默抗议，说和不说都不是，真让人左右为难。

<table>
<tr><th colspan="2">异同归纳</th><th>难为</th><th>为难</th></tr>
<tr><td rowspan="4">同</td><td>词性</td><td colspan="2">动词</td></tr>
<tr><td>词义</td><td colspan="2">（1）与别人作对、故意使别人难做。 例①</td></tr>
<tr><td>常用格式</td><td colspan="2">故意难为/为难 例②</td></tr>
<tr><td>句法功能</td><td colspan="2">对象多作其宾语。 例①②</td></tr>
<tr><td rowspan="7">异</td><td>语体风格</td><td>多用于口语</td><td>通用于口语和书面语</td></tr>
<tr><td>词义轻重</td><td></td><td>语义比“难为”重。</td></tr>
<tr><td>句法功能</td><td>可用于被动句：受……难为。 例③</td><td>一般不用于被动句。 例⑥⑦</td></tr>
<tr><td>词义</td><td>（2）多亏（指做了不容易做的事） 课文例句、例④
（3）客套话，用于感谢别人为自己做事。 例⑤</td><td></td></tr>
<tr><td>词性</td><td></td><td>形容词</td></tr>
<tr><td>词义</td><td></td><td>感到难以应付</td></tr>
<tr><td>常用格式</td><td></td><td>让……为难 例⑦
左右为难 例⑧</td></tr>
</table>

3. 精心　细心

精心

◎每辆车都由三千多个零部件组成，出土时已散乱不堪，考古人员历时两年精心修复，才得以再现其本来面貌。

① 经过一番精心的准备，我办起了自己的书店。

② 出于对自己未来的考虑，她最后的选择都是经过精心考虑的。

③ 中国科学馆与中国科协一起精心组织了一系列面向公众的科普活动。

④ 为避免打草惊蛇，专案组精心研究制订了解救人质的方案。

⑤ 妻子二十二岁那天，他精心为妻子订做了一个大大的蛋糕。

细心

⑥ 你再细心点儿，说不定真能有什么新发现呢？

⑦ 不用你说，谁都看得出来，他是一个极其细心的人。

⑧ 学生们的每一本作业都经过了老师的细心批改。

⑨ 船员冒着雨水和浪花，在甲板上来回细心地检查着船帆和缆绳。

⑩ 由于苏先生没有相关行业经验，所以他在考察过程中极为细心。

异同归纳		精心	细心
同	词性	形容词	
	词义	形容注意力集中、费心费力。	
异	词义侧重	着重于用心专心、细致，特别费心力，常用在较正式的场合。	着重于用心细密，常用于日常生活中。
	词义轻重	比“细心”程度重。	
	句法功能	常作状语， 课文例句、例②③④⑤ 有时作定语。 例① 一般不作谓语。	常用作谓语、 例⑥ 定语、 例⑦ 状语。 例⑧
	搭配对象	动词：组织、制定、策划、设计、安排、保管、准备…… 例③④⑤	动词：批改、检查、发现…… 例⑧⑨
		一般不受程度副词“非常、十分……”修饰。	常用程度副词修饰。 例⑦⑩

4. 进程　过程

进程

◎从历史发展进程来看，这无疑是一种大胆的革新，一者改变了割据状态的政治和文化；二者促进了封建经济的发展。

① 文字的使用，在人类文明进程中起到了重要的作用。

② 必须随时掌握工作进程，以便及时交流经验、纠正错误。

③ 适度的地区收入差距将有利于加快城市化的进程。

④ 工业化进程中对自然的破坏和物质的掠夺，一直是值得人类警惕和深思的问题。

⑤ 国际社会和科学界也进一步认识到，在经济全球化的进程中，增强各国抵御自然灾害的能力，与经济发展同等重要。

过程

⑥ 人和人之间要达到相互理解，需要有一个沟通的过程。

⑦ 在学习过程中有任何问题，都可以向老师和同学请教。

⑧ 刚来到一个陌生环境，是需要一个逐渐熟悉和适应的过程。

⑨ 他是一个孤儿，在他的成长过程中，社会各界给予了他热心的帮助和关怀。

⑩ 孙中山是个伟大的思想家，但他的思想也有一个发展的过程。

异同归纳		进程	过程
同	词性	名词	
	词义	指事物发展变化的程序。	
异	词义侧重	着重指事物进展、连续变化或运动的情况。	着重指事情进行或事物发展所经过的程序。
	词义范围	不能用于人，只能用于较重大的事物。 课文例句、例① 强调事物在进行当中。 例②③	可用于人或各种大事小事。 表示的时段较宽，用于过去、将来、现在皆可。 例⑥⑦⑧
	搭配对象	历史、文明、社会、革命、改革、全球化、世界和平…… 课文例句、例④⑤	成长、发展、变化、进化…… 例⑨⑩

三 词语搭配

1. 轰动

举国～	～全场	～一时	～事件
引起～	～世界	～了很长时间	～效应
极为～	～整个科学界	～起来	～的消息

2. 寻求

坚持～	～真理	～到老
不断～	～出路	～过一次
共同～	～解决方案	～到（帮助）

3. 奉行

始终～	～……政策	～下去	～的方针
一致～	～……观念	～不变	～的老规矩
一贯～	～……原则	～起……来	～的宗旨

4. 赋予

时代～	～重任	～（人物）以（生命）
社会～	～历史使命	～（思想内容）以（形式）
大自然～	～美好的性格	～（孩子）以（纯洁的心灵）

四 练习

（一）模仿例子组成新词

1. 技艺	____艺	____艺	____艺	6. 任命	任____	任____	任____
2. 庞大	____大	____大	____大	7. 猜测	猜____	猜____	猜____
3. 缩影	____影	____影	____影	8. 精心	精____	精____	精____
4. 进程	____程	____程	____程	9. 相继	相____	相____	相____
5. 奉行	____行	____行	____行	10. 情感	情____	情____	情____

（二）选择适当的词语填空

情感	感情	难为	为难	精心	细心	进程	过程

1. 一位________的朋友发现了他之所以烦恼的原因，耐心地安慰了他。
2. 掌握一门技艺需要一个________，是慢工夫，不能急于求成。
3. 最后还是理智战胜了________，她努力控制住了自己激动的心情。
4. 既然你觉得这样做有点儿________，我就去问问别人吧。
5. 两国首脑的会谈将极大地促进这一地区的和平________。
6. 这位诗人很有________地朗读了他的新作，在场的听众都为之感动。
7. 真________你了，你的工作那么忙，还能抽出时间来看我。
8. 谁能想到，他花了一个星期________安排的春游，都被这场大雨打乱了。

（三）选择适当的四字词语填空

严阵以待	一成不变	一丝不苟	炉火纯青
风驰电掣	全神贯注	一鼓作气	大兴土木

1. 频繁地搭桥、铺路、建广场、盖大厦，____________，对城市绿化影响很大。
2. 矿工们____________打了1000余口油井，终于实现了30万吨的年产量。
3. 疾驰的大巴一路____________，除了一路灰尘以外，似乎什么都看不见。
4. 在草原上拍摄野生动物的时候，他总是____________，不放过任何细节。
5. 法律不是____________的，它将随着社会的发展进程而变化。
6. 他回家的时候，儿子正坐在沙发上，嚼着口香糖，____________地盯着电视。
7. 地面部队和空军力量____________，随时准备消灭一切来犯的敌人。
8. 这位棋手的棋艺已经达到了____________的境地，人们称他为“超级棋手”。

（四）为四字词语选择适当的位置

1. 全神贯注

我 A 讲着大学校园里 B 的生活，弟弟 C 睁着好奇的眼，D 地听着，充满了期待。 （　　）

2. 一成不变

城市 A 的发展过程 B 就是一个不断演进、变化的过程。可以说，一个 C 城市 D 是不可想象的。 ( )

3. 一丝不苟

这是 A 很普通的一个男人 B，微微有些发胖，头发 C 向后梳得 D，让人感到很亲切。 ( )

4. 炉火纯青

据老先生讲，他从很小的时候就 A 学会了这门 B 手艺 C，如今已经达到 D 的地步。 ( )

5. 一鼓作气

夜深了，他还在 A 沉思。B 想 C 把这部长篇小说的最后一部分 D 写完。 ( )

(五)用指定词语完成句子

1. “桂林山水甲天下”，________________。(赋予)
2. 如果没有确定的根据，________________。(猜测)
3. 经历了战争的人们________________。(岁月)
4. 别去打扰他，________________。(全神贯注)
5. ________________，也不知道你喜欢不喜欢。(精心)
6. ________________，影响了我们之间的感情。(摩擦)
7. ________________：不去做自己不愿意做的事。(奉行)
8. ________________，你应该改变一下老脑筋了。(一成不变)

(六)用指定格式完成句子

1. A：祝贺你，终于实现了自己多年的梦想。

B：________________。(才能得以……)

2. A：这么难得的机会他怎么说放弃就放弃了呢？

B：________________。(或许 + 主谓短语)

3. A：你怎么这么快就辞掉了那份工作？

B：________________。(受……难为)

4. A：这次未能参加决赛，球员们好像很沮丧。

B：________________________。（何尝不……）

5. A：你听说过那则最近新发现古墓的消息吗？

B：________________________。（轰动一时的……）

（七）下面每句话都画出了 ABCD 四个部分，请挑出有错误的部分

1. 结构复杂的秦始皇陵是缩影其生前的都城(A)。那些略小于人形的陶俑形态各异(B)，连同他们的战马、战车和武器(C)，都具有极高的历史价值(D)。 （　）

2. 1974、1980 年，在秦始皇陵东西两侧先后出土了兵马俑坑和两乘铜车马(A)，全国轰动了这一发现(B)，震惊了全世界(C)，被誉为 20 世纪考古史上最伟大的发现之一(D)。 （　）

3. 考古队经过一年多的钻探和挖掘(A)，发现这是一座大型的兵马俑坑，即一号俑坑(B)。1976 年在一号坑的北侧(C)，相继二号和三号兵马俑坑也被发现了(D)。 （　）

4. 秦俑的面容之所以找不出两个完全雷同的面貌(A)，是因为它不是模制，而是以模做出人头的形状(B)，然后再进行细心雕刻(C)。在雕刻秦俑的五官、发型、胡须等时，作者有意识地追求各个秦俑长相上的差异(D)。 （　）

5. 秦兵马俑雕塑写实手法不仅表现在整体的把握上(A)，连陶马口中的牙齿这一细节，也是颇具匠心(B)，塑出六颗牙齿，以表示马正处于青壮年时期(C)，其艺术价值，不但在中国，在世界艺术发展史上又何尝是奇迹呢(D)？ （　）

语法讲解与练习

一 解说复句

分句之间有解释、说明的关系。

解说复句分为对等式解说复句和总分式解说复句。

◎为抵御北方匈奴南犯，修葺秦、赵、燕三国旧长城，那就是举世闻名的万里长城。

① 文如其人，换句话说，也就是什么样的人写什么样的文章。

② 应该说当代没有哪个作家能跟鲁迅比，也就是说根本达不到他的高度。

③ 目前人类最重要的资源就是我们的大脑，即“人力资源”。

以上例句属于对等式解说复句，一般有两个分句，关系对等。

◎一种是方形阵，战车与步兵相间排列，手持武器，严阵以待；一种是曲形阵，弩兵、战车、骑兵结合在一起，自成体系，又互相呼应……

◎从历史发展进程来看，这无疑是一种大胆的革新，一者改变了割据状态的政治和文化；二者促进了封建经济的发展。

④ 全球主要有两大地震区：一是环太平洋地震带；二是喜马拉雅——地中海地震带。

⑤ 这次行程她安排在云南，一来散散心，二来还可以考察一下那里众多少数民族的风土人情。

⑥ 愈来愈多的名人主张素食主义。一者是素食可以抗衰养颜、保持形体；二者素食自古以来就是人们十分提倡的生活方式。

（先总说，后分说）

⑦ 对家人细心关爱，对工作全心投入，是她一贯奉行的原则。

⑧ 学习时永不满足，教导别人时永不疲倦，就是真正的学者应有的态度。

⑨ 一是加强新型环保能源的开发，二是减少已有能源的消耗，这是我们解决能源问题的关键。

（先分说，后总说）

以上例句属于总分式解说复句，包括“总”和“分”两个部分，后者至少有两个分句。

常用关联词

对等式	口语	就是　那是　也/这就是说　换句话说
	书面语	即　换言之
总分式	口语	一是……，二是…… 一来……，二来…… 一种……，一种……
	书面语	一者……，二者…… 一则……，二则……

二 练习

(一)选择适当的关联词填空

……，那是……	一来……，二来……
……，这就是说……	一者……，二者……
……，换句话说……	一是……，二是……
……，即……	一种……，一种……

1. 一般居民家中都会有两种水源：________是饮用水；________是生活用水。
2. 在南方的园林中，大多选用灰黑白一些单色，________最适合水乡的颜色。
3. 人们希望的是商业和艺术两者结合，________，就是不需要俗气的商业电影，而是需要有品位、又能创造商业效益的电影。
4. 父母给孩子起名为珍真，________是表示孩子珍贵，________是希望孩子真实做人。
5. 在小说中所提到的这所气魄雄伟、雕刻精细的私家宅院，________山西传统民居的代表——“乔家大院”。

6. 我们要从两方面去了解她的情况，________直接的方式：面谈；________间接的方式：通过她身边的朋友。
7. 在读书的时候，先要解其言。________，首先要懂得其中的文字才能明白其中的意思。
8. 大家的书法追求的是一种自然美，这种美________以高度成熟的艺术技巧为基础；________更多的是来源于文化修养的深厚。

（二）模仿例句，用指定关联词完成句子

1. 一来……，二来……

例：这个留学生准备住在中国人家里，一来学汉语方便，二来也可以了解一下中国普通人家的生活。

① 他租下了公司附近的一个两居室，________________。

② ________________，二来扩大自己的见识。

③ A：你为什么不坐飞机去海南旅行呢？

B：________________。

2. 一是……，二是……

例：这次讨论会有两个主题：一是如何保护文物；二是如何整治非法文物买卖。

① 我们很少去看电影，________________。

② ________________，二是不注意锻炼身体。

③ A：现在你阅读中文书刊还有困难吗？

B：________________。

3. 一者/一则…，二者/二则…

例：村委会特地在人行小路上设置了茶摊儿，一则方便过往村民；二则可以和他们聊天了解情况。

① 公司决定任命他为负责人，一者他十分有眼光，________________。

② ________________，二者效果明显。

③ A：您认为多听、多看汉语节目对提高汉语水平有什么帮助呢？

B：____。

（三）按逻辑关系排列顺序

1. A. 代表着泥塑艺术的顶峰
   B. 二是武器车马精雕细刻、一丝不苟
   C. 一是秦俑表情神态手势各异
   D. 兵马俑的制作工艺令人赞叹 ______________

2. A. 认为天地间存在着一种绝对意志
   B. 称皇帝为“天子”
   C. 这种意志甚至可以变成国家的法律
   D. 代表着古人的普遍认识
   E. 换句话说，古时在人们的思维中 ______________

3. A. 二者它的文化内涵极为丰富
   B. 秦始皇陵堪称“世界奇迹”
   C. 结构最奇特的帝王陵墓之一
   D. 就是说实际上它是一座豪华的地下宫殿
   E. 一者它是世界上规模最大的 ______________

4. A. 历代帝王的陵墓基本一致
   B. 而唯有一人例外
   C. 这就是秦始皇
   D. 都是坐北朝南的格局
   E. 他的陵墓是坐西向东的 ______________

5. A. 是从佛教传入后才发展起来的
   B. 说明秦朝时的中国雕塑已经成熟
   C. 过去的观点多认为中国的雕塑艺术
   D. 换言之，秦兵马俑是中国雕塑艺术史上

E. 秦兵马俑的发现

F. 第一个成功的典范

修辞提示与练习

一 引用

汉语中，为了使自己描写的对象或论说的道理更加清楚、深刻，使自己的表达效果更加突出，增强语言的感染力和说服力，在表达和写作中常常引来现成的语句，如名言、格言、谚语、俗话、诗句、典故或别人的文章、观点等，这种修辞手法就是引用。

引用分为直接引用和间接引用两种类型。

◎“秦王扫六合，虎视何雄哉！挥剑决浮云，诸侯尽西来。”何等气概，兵马俑不过是一个缩影。

◎难怪在地下埋藏了如此长久的岁月，一旦重见天日，哪怕精美绝伦的彩绘剥落，也是当惊世界殊，被誉为“世界奇迹”。

◎那方舆、圆盖及三十根车辐，恰恰吻合了“轮辐三十像日月”、“舆方法地，盖圆象天”之说。

以上课文例句没有改变原句，加以引号，属于直接引用。

◎君子一言，驷马难追，是否据此而来呢？

原句：参见178页注释④。

① 教师应积极鼓励学生大胆发言，敢于挑战，做到青出于蓝而胜于蓝。

原句：青，取之于蓝，而青于蓝……　　（《荀子·劝学》）

② 中国人没有不爱荷花的，没有不为那出淤泥而不染的气质所赞叹的。

原句：予独爱莲之出淤泥而不染……　　（北宋　周敦颐《爱莲说》）

③ 我看你还是一切听从我的安排吧，到了我这座山就得唱我的歌了。

原句：到什么山上唱什么歌。　　（毛泽东名言）

以上例句改动了原句，不加引号，属于间接引用。

注 意

引号是直接引语的标志，间接引语不能加引号，虽然不加引号，但是除了人人皆知的语句、内容，其余必须显示出处，让读者明确知道这是引用，而不是作者自己的创作。因此，比起其他修辞手法来说，引用更多地靠的是“积累”，而不是“灵感”，而且怎样能做到引用得生动自然，也是需要在使用中注意的一点。

二 练习

从文中找出运用引用修辞的句子，说出其类型并尝试将其变成间接引语

1. ____________________

____

2. ____________________

____

3. ____________________

____

4. ____________________

____

5. ____________________

____

表达与写作

● 表达训练

1. 秦始皇的功与过历来是中国史学界研究的重点，你又是怎样评价他的呢？
2. 在你看来，秦始皇兵马俑具有哪些历史、文化、艺术价值？
3. 通过课文的学习，你对中国古代的陵墓文化有了哪些了解？
4. 秦兵马俑被称为“世界第八大奇迹”，在你们国家有哪些古代文化遗产“奇迹”呢？
5. 在你们国家古代文化遗产是如何保存下来的呢？

● 写作训练

试从以下选题中任选其一作文，题目自拟。

字数：不少于300字；要求：尽量参考并尝试使用课文里的重点词语。

第一题

如果让你来做导游，你将怎样介绍秦始皇兵马俑？

第二题

简单介绍一下你们国家历史文化遗产中的一个“奇迹”，可以从它的历史、文化、社会及艺术价值中任选一个角度。

北京语言大学对外汉语
教材研发中心规划项目

进 阶 式 对 外 汉 语 系 列 教 材

A SERIES OF PROGRESSIVE CHINESE TEXTBOOKS FOR FOREIGNERS

成功之路

ROAD TO SUCCESS

1

冲刺篇

LOWER ADVANCED

部分练习参考答案

KEY TO SOME EXERCISES

ROAD TO SUCCESS
A SERIES OF PROGRESSIVE CHINESE TEXTBOOKS FOR FOREIGNERS

北京语言大学出版社
BEIJING LANGUAGE AND CULTURE
UNIVERSITY PRESS

1 京城风貌

背景阅读与练习

一、限时阅读，按要求回答问题

判断正误

1. ×　　2. ×　　3. √　　4. √　　5. ×　　6. ×

选择正确答案

1. C　　2. D　　3. A　　4. A　　5. C　　6. C

二、阅读后按逻辑关系排列顺序

DBAC

词语讲解与练习

四、练习

（二）选择适当的词语填空

1. 骤然　2. 永久　3. 辽阔　4. 言语　5. 猛然　6. 永远
7. 广阔　8. 语言

（三）选择适当的四字词语填空

1. 乌烟瘴气　2. 秋高气爽　3. 杂乱无章　4. 谈天说地

（四）为四字词语选择适当的位置

1. D　　2. D　　3. B　　4. B

（七）下面每句话都画出了 ABCD 四个部分，请挑出有错误的部分

1. C　　2. D　　3. D　　4. B　　5. D

语法讲解与练习

二、练习

（一）选择适当的关联词填空

1. 无论……，都……　　2. 只要……，总……
3. 只需……，便……　　4. 不管……，还……
5. 只有……，才……　　6. 除非……，否则……
7. 一旦……，就……　　8. 任凭……，也……

（三）按逻辑关系排列顺序

1. CADB　2. DACB　3. DBAC　4. CADB　5. BDAC

2 代际关系

背景阅读与练习

一、限时阅读，按要求回答问题

判断正误

1. ×　2. √　3. √　4. ×　5. √　6. √

选择正确答案

1. D　2. B　3. B　4. C　5. C　6. B

二、阅读后按逻辑关系排列顺序

BACD

词语讲解与练习

四、练习

（二）选择适当的词语填空

1. 涵养　2. 邻近　3. 粗鲁　4. 显现　5. 临近　6. 粗暴
7. 修养　8. 呈现

（三）选择适当的四字词语填空

1. 热泪盈眶　2. 面红耳赤　3. 天伦之乐　4. 海阔天空
5. 扪心自问　6. 如出一辙　7. 饱经沧桑　8. 皮开肉绽

（四）为四字词语选择适当的位置

1. A　2. B　3. D　4. C　5. B　6. C

（七）下面每句话都画出了 ABCD 四个部分，请挑出有错误的部分

1. C　2. C　3. C　4. C　5. B

语法讲解与练习

二、练习

（一）选择适当的关联词填空

1. 非但没……，反倒……

2. 不仅……，更……

3. ……甚至……

4. 别说……，即使……也……

5. 不但不……，反而……，甚至于……

6. 尚……，……

7. 不光……，连……也……

8. 不单是……，也是……，况且……

9. 尚且……，何况……

（三）按逻辑关系排列顺序

1. CADB　2. BCEAD　3. ACDBE　4. BCEADF

5. ADBGEFC

3 国色天香

背景阅读与练习

一、限时阅读，按要求回答问题

判断正误

1. ×　2. √　3. ×　4. ×　5. √　6. √

选择正确答案

1. B　2. B　3. C　4. D　5. A　6. C

二、阅读后按逻辑关系排列顺序

BADC

词语讲解与练习

四、练习

（二）选择适当的词语填空

1. 积累　2. 延续　3. 忽略　4. 等待　5. 积蓄

6. 期待　7. 忽视，忽视，忽视　8. 持续

（三）选择适当的四字词语填空

1. 惊心动魄　2. 徒有虚名　3. 蔚然成风　4. 不约而同

5. 惊世骇俗　　6. 安之若素　　7. 轰轰烈烈　　8. 倾国倾城

（四）为四字词语选择适当的位置

1. B　　2. D　　3. D　　4. B　　5. C　　6. D

（七）下面每句话都画出了 ABCD 四个部分，请挑出有错误的部分

1. A　　2. D　　3. D　　4. A　　5. B

语法讲解与练习

二、练习

（一）选择适当的关联词填空

1. 幸好……，不然……　　2. 假设……，那么……

3. ……，否则……　　4. ……的话，……

5. ……，则……；……，则……　　6. 不是……，还要……

7. 万一……，那……　　8. 倘若……，便……

（三）按逻辑关系排列顺序

1. CADB　　2. CDBAE　　3. CEBDA　　4. BCAED　　5. BDACE

4 文人茶话

背景阅读与练习

一、限时阅读，按要求回答问题

判断正误

1. ×　　2. ×　　3. ×　　4. ×　　5. √　　6. √

选择正确答案

1. A　　2. A　　3. C　　4. B　　5. A　　6. C

二、阅读后按逻辑关系排列顺序

BCAD

词语讲解与练习

四、练习

（二）选择适当的词语填空

1. 味道　2. 败兴　3. 热心　4. 扫兴　5. 关注　6. 滋味

7. 热衷　8. 关心

（三）选择适当的四字词语填空

1. 自然而然　2. 不即不离　3. 繁文缛节　4. 天壤之别
5. 爱不释手　6. 情有独钟　7. 差强人意　8. 招摇过市

（四）为四字词语选择适当的位置

1. C　2. C　3. C　4. B　5. D

（七）下面每句话都画出了ABCD四个部分，请挑出有错误的部分

1. A　2. C　3. B　4. C　5. D

语法讲解与练习

二、练习

（一）选择适当的关联词填空

1. 是……，还是……　2. ……，倒不如……
3. 不是……，就是……　4. 与其……，不如……
5. 宁愿……，也不……　6. 或是……，或是……
7. 宁肯……，也要……　8. ……，或者……

（三）按逻辑关系排列顺序

1. CAEBD　2. EDCBA　3. CABED　4. CBDAFE
5. ADFBCE

5 超越平凡

背景阅读与练习

一、限时阅读，按要求回答问题

判断正误

1. ×　2. √　3. ×　4. √　5. √　6. ×

选择正确答案

1. C　2. B　3. A　4. B　5. C　6. D

二、阅读后按逻辑关系排列顺序

CBDA

词语讲解与练习

四、练习

（二）选择适当的词语填空

1. 见识　2. 认可　3. 盼望　4. 气魄　5. 指望　6. 见闻
7. 气概　8. 许可

（三）选择适当的四字词语填空

1. 捉襟见肘　2. 超凡脱俗　3. 得心应手　4. 赏心悦目
5. 有求必应

（四）为四字词语选择适当的位置

1. D　2. C　3. C　4. C　5. C

（七）下面每句话都画出了ABCD四个部分，请挑出有错误的部分

1. A　2. B　3. D　4. A　5. D

语法讲解与练习

二、练习

（一）选择适当的关联词填空

1. ……，可见……　2. ……，便……
3. 之所以……，是在于……　4. 既然……，那么……
5. ……，以至于……
6. 所以……，所以……，是由于……
7. 因为……，所以……　8. ……，于是……
9. 既然……，又……　10. 既……，就……

（三）按逻辑关系排列顺序

1. CBDA　2. DACB　3. BDAC　4. BDCAE　5. CABEDF

6 秦俑古韵

背景阅读与练习

一、限时阅读，按要求回答问题

判断正误

1. ×　2. √　3. √　4. ×　5. ×　6. √

选择正确答案

1. D　2. C　3. A　4. C　5. D　6. D

二、阅读后按逻辑关系排列顺序

ACDB

词语讲解与练习

四、练习

（二）选择适当的词语填空

1. 细心　2. 过程　3. 情感　4. 为难　5. 进程　6. 感情
7. 难为　8. 精心

（三）选择适当的四字词语填空

1. 大兴土木　2. 一鼓作气　3. 风驰电掣　4. 一丝不苟
5. 一成不变　6. 全神贯注　7. 严阵以待　8. 炉火纯青

（四）为四字词语选择适当的位置

1. D　2. D　3. D　4. D　5. C

（七）下面每句话都画出了 ABCD 四个部分，请挑出有错误的部分

1. A　2. B　3. D　4. C　5. D

语法讲解与练习

二、练习

（一）选择适当的关联词填空

1. 一种……，一种……　2. ……，那是……
3. ……，换句话说……　4. 一来……，二来……
5. ……，即……　6. 一是……，一是……
7. ……，这就是说……　8. 一者……，二者……

（三）按逻辑关系排列顺序

1. DACB　2. BDEAC　3. BECAD　4. ADBCE
5. CAEBDF

责任编辑：王轩 / 封面设计：张静

ROAD TO SUCCESS
A SERIES OF PROGRESSIVE CHINESE
TEXTBOOKS FOR FOREIGNERS

扩展空间

名家典藏

《雄师结阵的秦兵马俑》秦牧

《留取秦朝本色》吴永琪

媒体资源

http：//www. xian - tourism. com（西安市旅游局官方网站）

http：//www. cctv. com/geography/shijieyichan

（央视国际——中国的世界遗产）

《秦皇兵马俑》（VCD）海南电子音像出版公司出版发行

词语追踪

物质文化遗产　非物质文化遗产

词语索引

驾驭	jiàyù	（动）	6
简陋	jiǎnlòu	（形）	1
见识	jiànshi	（动）	5
侥幸	jiǎoxìng	（形）	3
教诲	jiàohuì	（动）	5
皆	jiē	（副）	3
竭尽	jiéjìn	（动）	3
进程	jìnchéng	（名）	6
进展	jìnzhǎn	（动）	1
惊愕	jīng'è	（动）	3
惊慌	jīnghuāng	（形）	2
精心	jīngxīn	（形）	6
景象	jǐngxiàng	（名）	1
沮丧	jǔsàng	（形）	2
具	jù	（量）	4
狷急	juànjí	（形）	4
绝伦	juélún	（动）	6
矍铄	juéshuò	（形）	2
郡县制	jùnxiànzhì	（名）	6

K

坎坷	kǎnkě	（形）	6
枯萎	kūwěi	（形）	3
狂妄	kuángwàng	（形）	2

L

来访	láifǎng	（动）	4
来历	láilì	（名）	3
来年	láinián	（名）	3
赖	lài	（动）	2
雷同	léitóng	（动）	6
理智	lǐzhì	（名）	2
利索	lìsuo	（形）	5
连夜	liányè	（副）	3
恋	liàn	（动）	1
辽阔	liáokuò	（形）	1
缭绕	liáorào	（动）	3
临近	línjìn	（动）	2
吝惜	lìnxī	（动）	3
聆听	língtīng	（动）	4
领略	lǐnglüè	（动）	1
龙井	lóngjǐng	（名）	4
略微	lüèwēi	（副）	5

M

媚俗	mèisú	（动）	3
名声	míngshēng	（名）	3
摩擦	mócā	（动）	6
磨灭	mómiè	（动）	2
模样	múyàng	（名）	5
幕府	mùfǔ	（名）	6

N

难为	nánwei	（动）	6
内心	nèixīn	（名）	6
念头	niàntou	（名）	2
宁愿	nìngyuàn	（副）	4
牛气	niúqi	（形）	5
暖烘烘	nuǎnhōnghōng	（形）	1

P

庞大	pángdà	（形）	6

堂皇	tánghuáng	（形）	1
体面	tǐmiàn	（形）	5
挑战	tiǎo zhàn		3
同年	tóngnián	（名）	5
统观	tǒngguān	（动）	1
凸	tū	（形）	6
团聚	tuánjù	（动）	2
脱落	tuōluò	（动）	3
妥协	tuǒxié	（动）	2

W

顽皮	wánpí	（形）	5
王国	wángguó	（名）	3
威信	wēixìn	（名）	5
威严	wēiyán	（形）	5
唯独	wéidú	（副）	2
伪装	wěizhuāng	（动）	2
纬度	wěidù	（名）	1
萎缩	wěisuō	（动）	2
未曾	wèicéng	（副）	2
未免	wèimiǎn	（副）	4
吻合	wěnhé	（动）	6
无疑	wúyí	（动）	6
无知	wúzhī	（形）	2
五行	wǔxíng	（名）	6
武力	wǔlì	（名）	5

X

昔日	xīrì	（名）	6
习俗	xísú	（名）	6
下放	xiàfàng	（动）	5
先行	xiānxíng	（动）	5
乡亲	xiāngqīn	（名）	5
相继	xiāngjì	（副）	6
享有	xiǎngyǒu	（动）	4
潇洒	xiāosǎ	（形）	5
小憩	xiǎoqì	（动）	4
小子	xiǎozi	（名）	5
心悸	xīnjì	（动）	2
性子	xìngzi	（名）	3
休养	xiūyǎng	（动）	1
修葺	xiūqì	（动）	6
秀丽	xiùlì	（形）	1
徐徐	xúxú	（副）	3
悬	xuán	（动）	6
选拔	xuǎnbá	（动）	5
绚丽	xuànlì	（形）	3
血脉	xuèmài	（名）	2
寻求	xúnqiú	（动）	6

Y

雅	yǎ	（形）	4
延续	yánxù	（形）	3
言语	yányǔ	（名）	1
炎热	yánrè	（形）	1
一度	yí dù	（数量）	3
一概	yígài	（副）	4
一手	yì shǒu		5
一瞬间	yíshùnjiān	（名）	1
以及	yǐjí	（连）	1
隐现	yǐnxiàn	（动）	1
永久	yǒngjiǔ	（形）	1
悠闲	yōuxián	（形）	1

四字词语

A

爱不释手	ài bú shì shǒu	4
安之若素	ān zhī ruò sù	3
按捺不住	ànnà bú zhù	4

B

跋山涉水	bá shān shè shuǐ	3
饱经沧桑	bǎo jīng cāngsāng	2
不即不离	bù jí bù lí	4
不约而同	bù yuē ér tóng	3

C

差强人意	chā qiáng rényì	4
超凡脱俗	chāofán tuōsú	5

D

大兴土木	dà xīng tǔmù	6
得心应手	dé xīn yìng shǒu	5

F

繁文缛节	fán wén rù jié	4
风驰电掣	fēng chí diàn chè	6

G

寡言少语	guǎ yán shǎo yǔ	5
国色天香	guó sè tiān xiāng	3

H

海阔天空	hǎi kuò tiān kōng	2
轰轰烈烈	hōnghōnglièliè	3
胡子拉碴	húzilāchā	5

J

惊世骇俗	jīng shì hài sú	3
惊心动魄	jīng xīn dòng pò	3

L

炉火纯青	lú huǒ chún qīng	6
络绎不绝	luòyì bù jué	3

M

扪心自问	ménxīn zì wèn	2
面红耳赤	miàn hóng ěr chì	2

P

皮开肉绽	pí kāi ròu zhàn	2

Q

倾国倾城	qīng guó qīng chéng	3
情有独钟	qíng yǒu dú zhōng	4

专有名词

B

八大处	Bādàchù	1
白雪塔	Báixuětǎ	3
碧云寺	Bìyún Sì	1

C

楚	Chǔ	6
春秋	Chūnqiū	6

D

豆绿	Dòulǜ	3

F

丰台	Fēngtái	1
福州	Fúzhōu	1

G

关内	Guānnèi	6
关外	Guānwài	6
广州	Guǎngzhōu	1

H

韩	Hán	6
汉口	Hànkǒu	1
杭州	Hángzhōu	1
黄帝	Huángdì	1
黄河	Huáng Hé	3
火炼金丹	Huǒliànjīndān	3

J

江南	Jiāngnán	4
锦帐芙蓉	Jǐnzhàngfúróng	3
净业庵	Jìngyè Ān	1

L

骊山	Lí Shān	6
卢仝	Lú Tóng	4
洛阳	Luòyáng	3
骆驼庄	Luòtuó Zhuāng	1

M

墨撒金	Mòsǎjīn	3

N

南京	Nánjīng	1

O

欧阳修	Ōuyáng Xiū	3

Q

齐	Qí	6

致教师

《成功之路·冲刺篇》和《成功之路·成功篇》系进阶式对外汉语系列教材高级阶段综合课用书，每篇两册，每册六课，共计24课。教材以高级汉语语言学习为主，将中国文化与语言学习融为一体。学习者使用本书前应已掌握了汉语中级语法及表达法，词汇量在5000左右。

《冲刺篇》和《成功篇》所选课文体裁包括了小说、散文、游记、随笔、报告文学、通讯报道、政论文、演讲辞、访谈、学术性文章等，话题涉及现当代中国文学、中国文化、人民生活的多个侧面。教材中的文章、短文、段落，甚至练习用的句子，都选自真实的语料。考虑到学习者迫切希望了解当代中国的文化、习俗、国情，希望学习当下汉语中最鲜活的语言，在选篇上，我们重点选择当代文章，48篇文章中只有3篇是写于20世纪二三十年代的。

《冲刺篇》和《成功篇》每课包含七大板块：背景阅读与练习、课文、词语讲解与练习、语法讲解与练习、修辞提示与练习、表达与写作、扩展空间。

在这“两篇”教材中，每课都先从“背景阅读”入手。在3~7段长短不等的语段或短文中，除明确要求阅读速度外，还针对限时阅读和泛读设计了不同形式的练习题。练习部分可由教师根据学习者情况决定完成数量及完成方式。对于学习者遇到的问题和难题，教师应给予必要的讲解，并公布相关练习的参考答案。

每篇精读课文前我们都设计了“课文导读”和“思考题”，精读课文后则有“思考与回答”，这些设计在针对课文内容进行“说”的训练上做到前后呼应。教师尽可能按要求让学习者完成这些练习，使其在口头表达上有实实在在的提高和收获。

每篇精读课文中变色的词语为本课的生词，方便教师随时对应查找，生词表中变色的词语为《高等学校外国留学生汉语教学大纲·长期进修》中的高等级词，提示教师指导学生重点学习。

《冲刺篇》每篇精读课文后都有从课文中找出的4~5个高等重点词语的释义及例句、4对高等词语的辨析、1项高等语法的归纳讲解、1项修辞的说明。而《成功篇》每篇精读课文后除有从课文中找出的5个高等重点词语的释义和例句、4对高等词语的辨析外，语法和修辞的着重点放在篇章与修辞、篇章的组织手段、语体风格与篇章的关系等方面的讲解上。针对词语、语法和修辞的练习都分别安排在各项讲解之后，其好处是学习者在完成练习时能做到环节清晰、紧凑。

这“两篇”教材每课都安排了“表达与写作”的专门训练，“口头表达”与“书面表达”是在进行了背景阅读、视听扩展的基础上，尤其是对本课重点词语、语法、修辞、篇章结构、语体风格等进行分析和大量强化练习后，学习者要对这一课的词汇、句式、表达方式进行全面的分析和梳理，形成课堂上的口头报告，课下再将口头发言整理成书面文章，达到由说到写的训练目的。

每课的最后是“扩展空间”部分，包括“名家典藏”“媒体资源”和“词语追踪”三个小板块，提供了与本课课文同一话题的阅读文章、视听素材和相关话题，内容都是对背景阅读和精读课文内容的延伸和拓展。这部分内容既可由教师指定必读篇目和必看影片，也可在课下由学习者根据自己的喜好、时间和条件，从阅读和视听的角度对该主题进行深入的、生动的、详细的了解和掌握。

作为高级阶段的综合课教材，我们强调教材的每一课都要进行听、说、读、写四项技能的综合训练。课堂上教师只作必要的讲解，要把更多的时间和精力放在学习者语言交际能力——听、说的技能训练上，课下着重强化学习者的读和写的训练；而对课文中涉及的文化背景、文化知识等则通过阅读方式作简要介绍，与课文相关的多媒体素材以媒体链接的方式提供给学习者，由学习者课下找时间去了解。如此安排主要是充分考虑到学习者进入高级汉语的学习阶段，已经具有了中级以上的汉语阅读理解、视听理解能力，他们的学习目的、兴趣，以至学习策略都带有鲜明的个性化、多样化要求。因此，本教材在编排上尽可能满足学习者的这些要求。

我们的教学建议是：

1. 课前教师制订好详细的“授课计划表”

“授课计划表”分“课上内容”和“课下内容”两大部分。分别对每天课堂讲授内容、课堂讲授重点、学习者在课堂上要完成哪些口头表达和每天的课前预习内容、课下复习内容、思考问题、当天笔头作业及交作业的时间等都作出详细、明确的规定，使学习者和教师都对教学过程做到心中有数。

2. 贯彻“精讲多练”的原则，课堂上突出学习者的口头表达

从“背景阅读”的练习到视听素材的使用，教师应尽可能地将大量“读”和“看”的内容安排学习者在课下进行，而课上更多进行的是教师与学习者间的互动，即学习者对泛读、限时阅读、视听素材中遇到的问题提问，由其他学习者或教师解答，对有争议的答案由大家进行讨论，得出最终的结论。教师就各项练习提供参考答案。

就每一课的话题，建议教师课前安排 1~2 名学习者准备，并作“专题发言”。学习者在准备过程中，要阅读大量的文字资料、查找相关的信息和图片，然后在课上当众演示、介绍。这一做法会使学习者得到极好的读和说的锻炼。

课堂教学强调口头表达训练，无论是重点词语，还是语法、修辞，都强调在学中练、在练中说。至于说什么、怎么说，学习者可通过读课文，完成词语、语法与修辞的练习，以及对课文前的“课文导读·思考题”和课文后思考题的回答来了解和掌握。教师要根据当天的话题和学习者回答的情况，针对学习者出现的问题进行词语、语法的讲解和提示。

每课最后都有“表达与写作”训练环节，这一环节是检查学习者综合掌握和使用本课重点词语、语法的情况。在对同一主题进行了背景阅读、视听观摩、精读课文的讲解和大量强化训练后，学生要对这一课所学的词汇、语法、修辞手段、表达方式进行全面的分析和梳理，并在课堂上进行成段陈述性表达。之后学习者要按照教师的要求，在课堂口头报告的基础上，整理出书面文章。

对学习者来说，由语段到语篇不仅仅是量的增加，更是质的提升。每课一次的成段陈述性表达练习，既拓宽了学生的眼界，使其学会得体、恰当地口头表达，又培养了他们“出口成章”的能力，还能让学习者体会和感受口语体和书面语体在表达上的差异。

高级汉语综合课教学，应将听、说、读、写的技能训练有机地融合在一起。《成功之路·冲刺篇》和《成功之路·成功篇》每一课的学习过程，学习者都是首先由阅读、视听引入正题，然后由课堂的精讲多练加强与提高，最后由口头成段表达和书面文章巩固与加深。每一课学习者都是在这样的“三部曲”里循环，而在每一次的循环中，学习者始终作为活动的主体，使自己的汉语交际能力不断地得到提升，并达到加深对中国历史、文化和现状的了解之目的。

3. 充分利用多媒体技术和多媒体资源辅助课堂教学

课堂讲授前，教师除认真编写教案以外，还要制作课堂用教学课件，将每课的重点内容、多媒体素材、词语例句的展示、语法句式的课堂练习以及学习者作业的参考答案等按照教学进度编排好。制作与利用课件辅助课堂教学，会大大提高课堂教学效率，使课堂教学更顺畅、更紧凑。

建议《冲刺篇》每课教学时间 8~10 课时，《成功篇》每课教学时间 10~12 课时。

“两篇”教材的课文均有随书附赠的配套录音。

执行主编

2008 年 6 月

版权声明

《成功之路》是一套对外汉语教材，其中《提高篇》、《跨越篇》、《冲刺篇》、《成功篇》的课文是在真实文本的基础上改写而成的。由于时间、地域等多方面的原因，我们在无法与权利人取得联系的情况下使用了有关作者的作品，同时因教学需要，对作品进行了一些改动。尽管我们力求忠实于原作品，但仍可能使作品失去一些原有的光彩。对此，我们深表歉意并衷心希望得到权利人的理解和支持。另外，有些作品由于无法了解作者的信息，未署作者的姓名，请权利人谅解。

为尊重作者的著作权，现特别委托北京版权代理有限责任公司向权利人转付本套书中部分文字的稿酬。请相关著作权人直接与北京版权代理有限责任公司取得联系并领取稿酬。领取稿酬时请提供相关资料：本人身份证明；作者身份证明。

联系方式如下：

北京版权代理有限责任公司

联系人：吴文波、方芳

地　址：北京海淀区知春路23号量子银座1403室

邮　编：100083

电　话：(010) 82357056 (57/58) -230/229

传　真：(010) 82357055

编者

2008年8月